U0594026

厦门社科丛书·鼓浪屿历史文化系列

厦门市委宣传部 厦门市社科联 编

鼓浪屿宗教

Gulangyu Lishi Wenhua Xilie

苏 西 著

厦门大学出版社

XIAMEN UNIVERSITY PRESS

总　序

　　"国民之魂，文以化之；国家之神，文以铸之。"文化是一个民族的根，一个民族的魂，是国家发展、民族振兴的重要支撑。当今时代，文化越来越成为民族凝聚力和创造力的重要源泉，越来越成为综合国力竞争的重要因素。

　　厦门是一个具有一定历史文化积淀的现代化港口风景旅游城市，物华天宝，人杰地灵，形成了瑰丽多姿的文化和丰富独特的文化遗产。鼓浪屿素有"海上花园"、"万国建筑博览"、"音乐之乡"，"钢琴之岛"之美誉，是国家级重点风景名胜区。在历史的发展过程中，近现代中西文化在这里汇聚融合，造就了一种既具有深厚的闽南文化传统，又具有浓厚西洋文化特色的文化形态和风格，是厦门独特的历史文化的浓缩和代表。

　　为进一步研究、保护、传承鼓浪屿历史文化，厦门市委宣传部、市社科联聘请了成长于鼓浪屿的福建省社科院原副院长、资深文史专家黄猷先生为总审稿人，联合组织专家学者精心策划、精心研究、精心编撰出版"厦门社科丛书——鼓浪屿历史文化系列"。丛书以史话、风光、建筑、音乐、宗教、原住民、公共租界、侨客、教育、学者等十个专题为主要内容，较客观准确地介绍了鼓浪屿历史文化和风土人情，充分展现了鼓浪屿深厚的文化底蕴和独特魅力，是一套系统研究鼓浪屿历史文化的史料读本和百科全书。相信"厦门社科丛书——鼓浪屿历史文化系列"的出版发行，对于传承、弘扬鼓浪屿历史文化和厦门特色文化，提升厦门市民的人文素质和城市文化软实力以及鼓浪屿申请世界非物质文化遗产都具有重要的意义和积极的作用。

中共厦门市委常委、宣传部长

2010 年 1 月

鼓浪屿

目录 宗教
CONTENTS

概　述

　　小岛鼓浪屿，一直隐在茫茫大海中——明天启三年（1623年），福建巡抚南居益的诗《鼓浪屿石岩礼佛同谢寤之池直夫》是留存下来的第一首关于鼓浪屿的古代诗文。其中的"野人惊问客，此地只临鸥。归路应无路，十洲第几洲？"足以令人一窥她彼时的荒芜萧疏。因为形呈椭圆，小岛起初便得名"圆洲仔"，后因西边海滩上发出如鼓浪声响的巨石而更名为"鼓浪屿"。而第一个将这个传说记录下来的，却是英国人翟理思。他在 1878 年出版的《鼓浪屿简史》中写道："它之所以被称作'鼓浪屿'，乃由于海浪在其西海岸某处发出一种特别像鼓的声音。"

　　一直到数百年前的宋末元初，附近西边渔村的李姓渔民为躲避海上风浪，在岛上的西北部搭盖可以栖身的简易住所，他们久而定居，下海捕鱼，是鼓浪屿最早的岛民。接着，又来了黄姓人家和洪姓人家，随着他们一起来到鼓浪屿的，是民间"敬天公"、"敬土地"的宗教习俗。当时的厦门隶属于泉州的同安管辖，但经济文化却与九龙江下游流域密切相连，因此在宗教信仰上也受此影响。

　　由于闽越文化与楚文化及河洛文化的融合，以及晋、唐、五代、南宋几个朝代移民的影响，福建尤其是闽南，自古便是多神崇拜较为兴盛的地域。终年生活在风浪侵袭的岛屿，下海讨生计，看天度日月，加之海盗频仍，生活匮乏，希望得到神灵庇护是岛民们的素朴愿望。这种虔诚的信仰最后汇聚到"保生大帝"身上。居民为他建起宫庙——内厝澳先后有过新旧两座种德宫，岩仔脚有过兴贤宫，居民们常年供奉，礼数周全，不敢怠慢，而那终日香火缭绕的宫庙，年深日久，亦成为岛上生活、娱乐的中心。

这样来到岛上的，还有同样被沿海沿江人民所信奉的妈祖娘娘。天妃庙是最早祀奉她的地方，后来一度成为佛教庵堂——"瑞晄庵"，也是岛上的风光殊胜之地。

除了俗世百姓，官员商人乃至皇帝天子也同样需要神明的护佑。福建水师提督王得禄因为求得妈祖娘娘的眷顾，在海上打了胜仗，得以升迁发达，他在清朝嘉庆十八年（1813年）重修扩建了瑞晄庵，并改名为"三和宫"，为妈祖娘娘重起香火。

岛上至高之地——日光岩下是名景"鼓浪洞天"，依岩而建的莲花庵，是日光岩寺的前身。明朝的僧人在巨石下结庵住修，供奉观音菩萨，不过也仅有石室一间。却从此几经修建，如岩石上的巍巍蜃楼，晨夕之间的梵音钟声如潮涨潮落，与日光岩的天风海涛互为风景，遂成为鼓浪屿最著名的所在。

内厝澳、岩仔脚和鹿耳礁三个村落安宁和谐，种德宫和兴贤宫香火鼎盛。每逢宫庙有祭祀活动，那便是锣鼓喧天，踩街唱戏，热闹得仿似过节。

随着港口经济的发展，厦门逐渐成为多元文化的汇聚点，吴真人、妈祖崇拜至明中叶后十分勃兴，同时，天主教的触角开始触及到鼓浪屿，海上贸易的繁荣使得走出国门的闽南人早已接触了天主教，其中有人成为其信徒并把它带回家乡。郑成功的父亲郑芝龙自年轻时代便是著名的海上商人，他曾到澳门学习经商，后领餐受洗成为天主教徒。受此影响，郑氏家族中有不少人都是天主教徒。不久后，被称为"西来孔子"的耶稣会教士艾儒略在闽中传教，在福建影响颇大，当时居住在鼓浪屿的同安人池显方、黄文炤都写有诗词赞美他。

正如美国归正教会牧师、鼓浪屿寻源书院主理毕腓力（RevPhilp Wilson Pilcher）在他的《In and about Amoy》（何丙仲译《厦门纵横——一个中国首批开埠城市的史事》，原书第一版1909年，第二版1912年）中所写的，"厦门是中国的一个贸易中心，有着无比优越的港口，很早以前就为西方的旅行者和商人所熟悉。"在隆隆枪炮声中，被如此觊觎的厦门成为中国最早的五口通商口岸之一，第一次鸦片战争敲开了厦门的大门——1841年8月26日，英国人的军队攻陷厦门。

1841年至1845年，鼓浪屿被英军占领，并成为基督教登陆福建发展的第一个地点，基督教随之从厦门向九龙江流域传播。

1860年后，随着第二次鸦片战争，厦门进一步开放，洋人大量涌入鼓浪屿，岛上成为外国人居住地。同时，大量华侨、漳泉人士也迁居鼓浪屿。而为了消除日本人对厦门的垂涎，清廷主动把鼓浪屿开放成了公共租界——这是中国近代史上唯一一个清廷主动开放的租界，是继上海后的中国第二个公共租界，而且是欧美列强共管的最后一个公共租界。

传教士们纷至沓来，把这里当作在闽南传播福音的门户，以此辐射至闽南各地、台湾及东南亚各地。最早来的是基督教的美国归正教会——1842年2月，美国归正教会教士雅裨理来到鼓浪屿。接着是英国伦敦差会和长老会。天主教也循着曾经在厦门留下的足迹，重回旧地。鼓浪屿成为东西方多元文化与宗教的交汇点。

厦门当时还没有教堂，第一个来到的雅裨理，四处露天演讲，两年后他因病回国，还没有一个人听从上帝的旨意入教。到了1846年，总算有了两位老人入教。而伦敦公教会的传教士布道

4 年，入教者同样只有两人。

但传教士们有备而来，他们有的先学会了闽南方言——"闽南白话"是他们最好的"老师"，并借此翻译出方言版的《圣经》等等，教会那些不识字的岛民唱诗祷告。他们还办起了学校：中国第一所幼儿园、专门的妇女学校……小学、中学、师范学校，圣道学校，十几所学校分布岛上。还开设医院，出版报纸图书，号召人们戒鸦片，让女人去掉缠脚布，解救被富人虐待的婢女……教堂一座座盖起来：协和礼拜堂、福音堂、天主堂、复兴堂、三一堂……曾经有过大大小小几十座。

又举办体育运动，踢足球、游泳……音乐随着教会的赞美诗开始进入许多岛上的家庭，因此成就了一座小岛"钢琴之岛"的美名。那来自教会的钢琴与管风琴的悠扬乐音，与小岛上原本的传统南音、宫庙里和民俗活动中唱戏踩街的锣鼓乐声竟也互不干扰，各自奏鸣。

曾经辉煌一时的三和宫消失了，变成了英国洋行的小屋。妈祖娘娘失去了她的宫庙。岛上的居民才知道除了自己终日供奉的那几路神明，洋人也有洋人的神。从此，洋人的上帝和本土的保生大帝、妈祖娘娘、观音菩萨、关帝爷等等各分天地，向自己的信众传播福音和慈悲。喜庆的中国传统节日如春节，宫庙里锣鼓喧阗唱戏搭台，圣诞新年时教堂里圣诗悠扬。中式的婚礼丧事依然有人办，西洋的婚丧习惯也被另一些人所接受——当年林语堂的婚礼便是在岛上的洋人教堂——协和礼拜堂举行。

传教士们的努力到底有所收获：鼓浪屿教徒日益增多，这是多么令那些背井离乡来到这个小岛的传教士们喜悦和骄傲的啊。

来到厦门的外国人如此青睐鼓浪屿这个异乡的天堂，他们聚居在鼓浪屿，直把他乡做故乡——有的甚至死后埋骨于此，或者追随他们来的妻子也长眠此地，岛上有专门埋葬他们的地方——番仔墓及日本人的墓地，甚至有专门的牧师和教徒墓地。许多传教士深谙厦门风土人情，说得一口流利的厦门话，还著书立说，比如毕腓力便对厦门和周边的历史、地理、风土民情很感兴趣，他搜集了大量资料并利用厦门海关和英、美教会的档案资料，花了几年时间，于 1909 年出版了第一版的《In and about Amoy》一书，书中还附了许多幅珍贵的照片，成为研究厦门历史的重要史料。还有写有《鼓浪屿简史》的、后来成为英国汉学三大巨头的翟理思。对白话字同样有所著述的麦高温，给自己取了像是佛教僧侣的法号的汉名，叫"光照"，在为了纪念他在厦门传道 50 周年所拍的照片上，他得意地穿着花翎顶戴，与 16 位厦门教会的华人耆老一同拍照留念。

传教士在鼓浪屿建起了许多座教堂，有的时至今日风华依旧，有的却早已倾颓或被拆除。这些华美的教堂无疑丰富了鼓浪屿的"万国建筑"内容。

除了教堂，传教士们所建的学校、住宅等，有许多都成为鼓浪屿这座小岛的建筑精髓：比如救世医院的院长郁约翰所设计的八卦楼；安海路的西欧小筑原来是英美三公会神职人员的公寓；鸡山路有宽廊拱券、单层的英式住宅"姑娘楼"，是当年伦敦差会女传道士住过的居所……

不少建筑商从营造洋人的房屋中获得技巧和经验，因此转战别处，也建起了类似的建筑——比如当年建天主堂的漳州林氏包工头，学得哥特式天主堂建筑的技术后，在闽南各地许多地方建了式样类似的教堂。

教会文化及其衍生或者影响的音乐传统、体育传统、办学传统等等，成为鼓浪屿这座小岛令人深思研究的文化现象。

那些在教会受教育的孩子——有的是穷苦出身，本是上不起学的；有的则在这里开了眼界——林语堂便在鼓浪屿从教会小学读到寻源学院，接受了 7 年中西方融合式的教育，鼓浪屿的西式文化令年少的他倍感新鲜，他甚至在《八十自述》中写到当年他在教会中学所受到的影响。著名诗人舒婷的父亲出生在鼓浪屿，毕业于岛上教会创办的英华中学，母亲则毕业于同是教会学校的毓德女中。

而音乐的传统更在小岛生根发芽。且不说那些音乐名人，当年岛上的家庭音乐会丰富多彩，有人在垂暮的老年回忆起少年时候居住在鼓浪屿鸡山路的厦门同英布店东主卓全成的隔邻，卓家经常传出优美的钢琴声音——卓全成夫妇二人均为基督教徒。

当时的日光岩寺不知道是否还保有"鼓浪洞天"的清幽，但在此闭关8个月的弘一大师却为这里的嘈杂而感叹。

也有许多失意的人投到了娄大真人的清宁世界里，了闲别墅其实不了也不闲，但却是岛上另一个热闹的宗教道场：既有道教的请神扶乩，也有佛教的讲经宣法。了闲别墅是鼓浪屿宗教和民间信仰中的一个怪现象，本是道教的场所，后又加上佛教的东西，二者相融合，载体是失意的政客、社会上层，因此道佛不分，这代表了当时鼓浪屿文化的一大特征。

此时的小岛信仰自由，岛上名人富商有的成为外来宗教的信徒，但如林尔嘉、黄奕住、黄仲训这样的巨贾仍坚持本土的信仰，甚至一户家庭中有多种信仰，也没有互相攻击干涉。工部局律例上没有扶持基督教的条文，也没有压制本土的佛教及民间信仰的法规。土与洋和平共处，和谐共有，兴贤宫旁便是洋人居住地。据史载，仅有过一次冲突：1903年7月28日这一天，是闽南民间"大道公"迎神赛会的好日子，岛上居民聚集在兴贤宫拜神、演戏，工部局称未经许可不得聚会演戏，便让巡捕长带领印度巡捕驱散老百姓，抓走两名戏班艺员。群众大为愤怒，用石头砖块还手痛击。

然而，日本人再次打破了鼓浪屿另一种意义上的宁静。1938年5月10日，厦门沦陷。许多人过海避难到鼓浪屿这个公共租界，鼓浪屿的难民达到11万人。

1941 年 12 月 8 日，鼓浪屿被日本人侵占，曾为"公共租界"的鼓浪屿，到底逃不过这一劫难。许多传教士被驱逐甚至死亡，教会的许多活动停止。而许多避难鼓浪屿的文人富商躲进了娄真人的"居所"，在了闲别墅论道谈玄，诗词唱酬，暂时忘却世事。另一方面，佛教的信仰者又再次增多，这大概是老百姓对抗战胜利的精神寄托吧。

八年抗日战争，是艰辛而难熬的黎明前的黑暗。鼓浪屿有多少居民是借助宗教的力量而得以等待黑暗过去，光明来临呢？——且不说支持内心的力量，难民们挤满了教堂和学校，教会、日光岩寺都给予了穷苦百姓实际的救助。

新中国的成立，使一切凋敝的景象逐渐恢复生机，鼓岛的宗教也渐有发展。1956 年 7 月，厦门正式成立天主教爱国会。天主教厦门教区还有了中国籍的主教——1953 年 9 月 5 日，中国籍神甫黄子玉被选举为厦门的代理主教，1985 年黄子玉被选为教区正权主教。

然而"十年浩劫"，鼓岛再次经历风雨。"文化大革命"中，鼓浪屿的教会受到严重冲击。教会的教堂和住房都被占用，所有的活动被迫停止。日光岩寺也未能幸免，寺废僧散，庙宇被占用，佛像法器多被破坏。

"文革"以后，政府落实宗教政策，被占用的佛寺、教堂都一一归还。1983 年，日光岩寺重归佛门，后重建开放。

岛上的教堂也得以修复开放，逐渐恢复教会的正常活动。

曾被拆毁的兴贤宫在 2007 年 7 月 29 日再择地重建落成，几经迁徙行宫的保生大帝终于不再四处搬徙。

曾经华洋共居的鼓浪屿，道教、佛教、天主教、基督教等各种宗教势力或消长，或融合，其过程经历了数百年的光阴，使得一个方寸小岛发生过多少风流故事。很多很多的故事，逐年逐月淡去，那些写下故事的人们亦大部分已经消散如烟尘。偶尔，会有类似这样小小的喧嚣——

台湾的中国国民党荣誉主席连战的祖父、也就是写了《台湾通史》的连横曾经两度居留鼓浪屿。1902 年 8 月，连横从台湾来到大陆参加补行经济特科即省一级举人考试落榜，返台途中路经厦门，应聘为山雅各创办的、刚创刊不久的《鹭江报》主笔，与马约翰、卢戆章这些名人成为了同僚。

1905 年春天，连横为了和爱国华侨、戊戌变法时著名的"公车上书"活动中的代表人物之一的黄乃棠一起筹办《福建日日新闻》报，带着妻儿，再次来到鼓浪屿，举家借住在日光岩下一周姓牧师的家中。

连横在鼓浪屿的日子里，留下过"日光岩畔钟声急，时有鲸鱼跋浪前"的诗句，到底他也是听过日光岩寺的暮鼓晨钟的，又与牧师交情不浅，是否也时常身处祷告唱诗之中呢？

而这岛上还有多少的故事湮没在时光中，突然有一日，被翻阅发现了。于是，寻访觅奇的纷纷前来。不过，总有一日，这些喧嚣又渐渐退去，这些老屋以及老屋下的故事，又恢复了半个世纪以来的宁静，依旧守着旧日的风华，静静地，悄悄地，继续它们的岁月……

1920 年，一个名叫"保罗·哈钦森"的美国人在记述鼓浪屿时，这样描写："这是一个令人惊奇的小岛，在如此狭小的岛屿上，居然拥有如此之多风格迥异的建筑，如此之多的英才与风云人物。可以说，无论是在艺术、教育，还是医学、建筑，鼓浪屿都扮演了一个时代先锋的角色，遥遥领先中国其他地方……"

宗教给这个岛屿留下丰富的人文积淀：音乐、建筑、教育、体育、医学……它们甚至传播到了海峡对岸的台湾。鼓浪屿人牛何之在文章里写道，在鼓浪屿不可磨灭的原创性历史文化背景中，"基督教依托不平等条约在中国取得立足之地，其首先在社会底层传播，则缘于有一些朴实的辗转于城乡之间讨生活而仍在不断和命运抗争的破产农民，从其平等、博爱、自尊、坚忍的教义中，发现了一种与现实不同的社会模式，在早期教会内部期盼、向上、互爱、互助的气氛中感受了一种精神上的解脱，因而不顾被孤立和蒙受各种屈辱，带领家人和亲友加入教会。鼓浪屿的情况也是如此。正是这些早期的教会家庭和他们由教会学校培养出来的子女，支撑起鼓浪屿的别有天地。他们是第一群从社会底层开眼看世界的中国人，也是普世价值观进入中国平民社会的第一个载体"。

长年居住在岛上的著名作家舒婷在她写鼓浪屿的著作《真水无香》里，这样评价自1841年后的百年鼓浪屿：因为所谓的"殖民地文化"和"租界文化"的积极面，"反思小岛100年来，那些现代社区管理（工部局、会审公堂）、现代通讯（大北电报公司）、现代海关税收（理船厅公所、吡吐庐）、现代贸易（德记洋行）、现代教育（养元、福民小学、寻源、毓德、怀德、英华中学）、现代医疗（博爱医院、救世医院）、宗教传播（福音堂、三一堂、天主堂）……在弹丸之地上四处盛开，就会深感经由中西文化激剧碰撞、顺应，从缓慢的农耕节奏中，一下子就弹奏成'人杰地灵'的韵律"。

抛开耻辱的历史，宗教尤其是基督教对鼓浪屿这个弹丸小岛影响深远。直至今日，在鼓浪屿的角角落落都还能见到这些踪迹，它们或明显或隐蔽。这些踪迹，也正如这座小岛因此得名的"鼓浪屿石"传来的海浪声，尽管年代久远，有些已经湮灭，但依然日复一日地在岛的一隅鼓浪作响，诉说着或古或今的故事……一些岛民接受信仰，更多的人则因为宗教的传播拓展了视野，中西文化的共生与交流在宗教信仰上体现鲜明，并成为历史的见证。

如今的鼓浪屿，游人多多，家庭旅馆、咖啡馆遍布，谁说没有几分欧洲小岛的感觉？那常年流淌着乐音，举办美国、日本、德国、俄罗斯音乐周，国际钢琴比赛的音乐厅，原址正是当年那些外国人、牧师的埋骨之地——番仔墓。或者这正是历史的巧合？他们把西洋的音乐带到这个小岛，带来了启蒙之音，死后也在这安息之地永享美妙的琴声。

倘若在黄昏的时候，在小岛上看看落日，体会当年毕腓力所写的"瞻仰厦门方圆的落日是人们的荣耀，西边群山上太阳徘徊的一刹那是无比宏伟的，绚丽的色彩，温柔的情调，华轮赫赫，流彩濯濯，不仅言辞难尽，还是别处尽享不到的"。又听到巷弄里那不知何处传来的悠扬琴声，而未曾被游人的脚步打扰的悠长巷弄，那依然静静伫立的教堂，斜阳中日光岩寺的钟声又起。

鼓浪屿，即便历经百年沧桑，也依然是一个尘世天堂。

第一章

道教及民间信仰

　　道教是中国土生土长的宗教，创立于东汉顺帝以后，其直接来源是古代巫术等各种民间信仰以及秦汉时期的神仙方术。因之产生于民众之中，且以各种古老的民间信仰为基础，道教无疑具有浓厚的乡土气息。它能满足普罗百姓的要求，在市井民间中很有吸引力，极受欢迎，也具有别样的生命力，繁荣生息。

　　道教随南迁汉人传入厦门。据同安朝元观的明永乐十九年（1421年）的碑文记载，早在宋代厦门已有道观。道教在宋代分有全真派和正一派，厦门的道教则属正一派。明清以来，厦门所建的道教宫观神庙基本上分属于天神宫庙、社神宫庙和俗神宫庙，鼓浪屿亦不例外。

　　道教的特殊来源使它从一开始就与民间的杂神信仰混合在一起，具有相当的宽容性和混合性，并产生了一系列的道教地方俗神。道教地方俗神是指当地历史上或传说中为地方、为百姓作出贡献的人物，死后受到朝廷或当地百姓按道教方式祀奉的神明。各家神祇信众有别亦有交叉，也往往共处一庙，甚至共处一神龛，一起接受人间香火与膜拜。信徒根据自己需要，什么神都拜，这倒是体现了平民百姓们朴素的求富贵发达求平安长乐的思想。

民间信仰大多有地域性，比如妈祖只受到沿海地区祭祀。从某种意义上来说，在儒家文化的背景下形成的中国文化氛围中，中国民间宗教的普及超过任何特定的宗教。

唐代，朝廷大力推崇道教，因而促进了它在各地的传播。唐中叶，同安就建有朝元观、东岳行宫等宫观。明、清两朝，随着厦门岛人口的增加，道教开始在厦门盛行，并表现为杂神崇拜，这是由于当时的生活水平低下，医疗条件极差，沿海居民又常受到风浪的侵袭，出于祈求平安的心理，对如保生大帝和妈祖的崇拜十分虔诚。

厦门较为著名的道教地方俗神是保生大帝吴夲和妈祖娘娘。保生大帝、妈祖信仰本来是民间信仰，后为方便管理而纳入道教。在闽南乃至台湾，"保生大帝"是很重要的民间信仰之一，他被奉为地方守护神，在闽台各地及台湾和东南亚地区宫庙不少，信仰者众。保生大帝，又被称为"吴真人"、"慈济公"、"大道公"、"英惠侯"，他本姓"吴"名"夲"，字"华基"，别号"云冲"，北宗太平兴国四年（979 年）生于同安的白礁村，逝于北宋景祐三年（1036 年）。吴夲是一名医术高超的医生，乐于济世救人，漳泉等地流传着许多有关他的传奇故事，他备受人民敬仰崇拜，历代封建统治者也不断予以褒封。绍兴年间，朝廷下诏在其故里同安县积善里白礁村（今属龙海市角美镇）和龙溪县青礁村（今属厦门市海沧区）分别建庙祭祀。明永乐二十二年（1424 年），吴夲被朝廷封为"昊天金阙御史慈济医灵真君万寿无极保生大帝"。保生大帝信仰在民间流传已近千年，关于保生大帝的一些如祈求药签、问事签以及请神、乞火、分炉、进香、绕境巡游等祭典活动，现已列入国家非物质文化遗产的名录，尤其是每年农历三月十五日的保生大帝颂典，来自包括闽南、台湾、东南亚、广东等各地众多分庙的进香队伍都会齐聚厦门的青礁慈济宫，盛大隆重的仪式，参与者众，活动热闹精彩，如同狂欢节。

清中叶以后，佛教的世俗化使道教有所衰微，热闹的迎神庙会也逐渐演变为地方性的娱乐兼商业活动助兴，和尚进驻道教宫观，宫观改奉佛教，或者道、佛同室都不是稀罕的现象。

1919年后，厦门开始进行城市建设，城市化进程伴生了民智开启、迷信减少，厦门市也拆除一批宫庙，道教的传播进一步受到遏制。

妈祖、保生大帝、关帝爷、观世音、土地公、娄真人都是鼓岛风靡一时的民间信仰，这些民间俗神不仅在同一宫庙享受信众的香火，就连一些祭拜仪式也是不分你我，有"福"同享。

鼓浪屿早期民间信仰的宫庙有：祀奉"天上圣母"为主神的妈祖宫（后改称瑞晄庵、三和宫、法海院）、祀奉"保生大帝"为主神的岩仔脚的兴贤宫和内厝澳的种德宫。早年的厦门各乡、社俱有社神祠，鼓浪屿岩仔脚的兴贤宫、内厝澳的种德宫，就是这种性质的宫庙。上世纪二三十年代，了闲道社在鼓浪屿也大有发展，不少居民信奉闲坛所供奉的娄真人。

总的来说，鼓浪屿的道教一是以种德宫为代表，势力较早却较小，是因当地移民的居民点发展起来的，所以十分平民化。后来兴建的兴贤宫，由商人所建，这意味着海运的发展。一直到鼓浪屿成为公共租界，兴贤宫都是鼓浪屿的社会活动中心，早期鼓浪屿工部局的会审公堂甚至也设在兴贤宫，这足以说明当年兴贤宫在岛上的重要地位。乃至基督教传入后，兴贤宫仍然还是非教徒的活动中心：反对工部局的活动在此举办；抗日战争时期民众们在此宣传抗日——1938年元宵节，兴贤宫举办了抗日灯谜会，当时厦门图书馆的馆长余超还为此开设了甲午战争的讲座。可见兴贤宫依然是鼓浪屿原住民的活动中心。

而妈祖信仰在沿海航运发达的时候在鼓浪屿有所发展，但轮船发明以后，海上的大帆船被取代，加之其后台湾被日本占领，对台贸易被割断，鼓浪屿从沿海航运转向了内河航运，保护海洋航运的妈祖及供奉她的三和宫自然就衰微了。

新旧更替种德宫

旧庵河前旧庵庙

传说宋末元初，鼓浪屿这个人烟稀少的小岛，开始有附近海边嵩屿、东屿等一带姓"李"的渔民上岛捕鱼晒网。李姓渔民最初在鼓浪屿选择的居住地是岛上西北部的一条小河流两岸以及现称"康泰垵"一带，这一带便被称为"李厝澳"，成为鼓浪屿最早的居民住所，闽南方言中"李"与"内"读音相仿，到后来逐渐被读成"内厝澳"了。这也是今天鼓浪屿原住民最多的所在——内厝澳的由来。

关于"内厝澳"的由来，另有一个传说，则是明永乐年间（1403—1424 年），李厝澳流行鼠疫，李姓居民为逃避鼠疫遂迁回嵩屿一带居住，接着有附近龙海角尾锦宅的黄姓迁入李厝澳，在岛上开垦种田，并改称李厝澳为"内厝澳"。

不管是李姓族人还是黄姓族人，都来自相邻的海边村庄，其信仰都受到保生大帝的影响。在医疗落后的年代，民众患病之后往往只能将治病的希望寄托在保生大帝这个"医神"身上，企求他佑护。于是，鼓浪屿的居民就到邻近的同安白礁慈济宫请来保生大帝，并为他建造起宫庙——种德宫，以方便平日祈求膜拜的需要。

种德宫，就修建在居民的聚集地——鼓浪屿西部鸡母山向北延伸支脉西麓的坡地，濒临小河处，背山面海，信众称它为"大道公庵"（保生大帝又称为"大道公"）。

传说当年请进保生大帝神像是从康泰垵的一条大石板登陆，这条大石板沾了神明的光，后来被岛民叫作"大道公桥"。

大道公桥亦是鼓浪屿对外交通最早的码头，想来当年的原住民进出鼓浪屿日日都要踏过这条大道公曾经行过的石板桥。1980年，鼓浪屿填海围垦，大道公桥被埋进地下，从此不见天日。

民间最不缺乏的就是各样传说。关于种德宫里供奉的保生大帝神像，还有一个传说的版本，说法是居住岛上的李姓渔民，某一日看到海面上漂来一尊大道公神像，便将它捞起，请回家中供奉。后来因为信众日多，居民们便修建种德宫祀奉他。

这座种德宫的具体建成年代已无处可考，但据朱维干所著《福建史稿》记载，明朝初年鼓浪屿岛民内迁，明成化之后居民方才上岛生活。1986 年，鼓浪屿出土一块明天启二年（1622 年）墓碑，其上记载墓主黄振山的墓在种德宫附近。据此可推测种德宫应是建于明成化到明天启之间（1465—1621 年），并且成为岛上的地标之一。

大道公庵后来不知为何停止了对保生大帝的祀奉，大约在明天启二年（1622 年）以后，庵庙也荒废了。在有了新建的大道公庵后，岛民把旧大道公庵称为"旧庵"，庵前的小河也随之称为"旧庵河"，即今天的"西苑路"。

旧庵的遗址在多年前尚依稀可见石柱、石础件，并能据此推测旧种德宫的面积约为 100 多平方米，也算有一定的规模。

在鼓浪屿电器社建起后，这些遗留下来的物件也不见了影踪。"旧庵河"与"旧庵"这两个地名只留在了旧地志或者文史资料中，随着几百年前的历史沉在了当年那条清澈小河的底部，无处可寻了。

香火旺盛新宫庙

旧种德宫停止祀奉活动后，岛民们对保生大帝的膜拜并没有停止。聚居在鼓浪屿现今内厝澳路与鸡山路的居民们，又募资在岛的西北部——俗称"湾仔尾山"的东南麓坡地新建起一座种德宫。

　　新种德宫的始建年代，亦不可考。但可以确定是在旧种德宫荒废后，即明天启二年（1622年）以后。明初，厦门曾有一次迁界，鼓岛上无居民，直至明成化以后，居民才陆续返鼓开发，据此推测，新种德宫应该在明成化以后方才建成。清咸丰年间，又迁到目前所在新址（现编为内厝澳路门牌373号）。

　　新建的种德宫古榕掩映，幽静祥和，整座宫庙总占地面积约为600平方米，建筑面积约为78平方米，传统的三门二进殿宇。宫庙正中大门顶石梁横刻着"保生大帝"四字，其上还悬挂"种德宫"木匾，中门两侧石柱上分别刻着："点水活生灵，庙祀桑邦弘种德"及"一丝神脉里，纶封大帝尚真人"。宫门两旁有大石狮一对。入宫门的拜殿之后有天井，原来两侧墙壁雕画着龙虎图像，所以称之为"龙虎井"，龙虎井曾在维修宫庙时被封顶，后经过重建恢复。宫后及宫右另筑有护厝。

　　除了保生大帝，种德宫还祀奉土地公、注生娘娘、虎爷及36关将的神像，护厝中还供奉着观音菩萨和关帝爷。

　　虽然种德宫庙宇规模不大，但却声名远传，信众不少，前来敬奉香火的不仅有本岛居民，亦有厦门以及附近民众，更有慕名而来的外地信众。

　　种德宫由信众组织董事会进行管理。民国12年（1923年），该宫的董事会在厦门祖婆庙旁购置一间店铺，所收的租金作为每年赴白礁谒祖进香的花费，为此所立的碑记至今仍存于宫前空地上。

　　种德宫是鼓浪屿上最草根的信仰宫庙，因此也最有生命力，香火旺盛，绵延至今。

名目繁多祭拜礼

　　种德宫每年名目繁多、形式有趣的各种民俗信仰活动，成为鼓岛居民积极参加、喜闻乐见的活动，影响着居住在岛上的人们，也给岛上的文化、旅游等带来独特的传统韵味。

种德宫一年的祭祀活动以年终十二月廿四的"送神上天"拉开序幕。当日黎明时分，宫中的理事会成员和护法（即那些长期固定在种德宫帮忙的信众）在宫中所有神像前的供桌上摆设牲礼，请神明骑上神马升天。送神仪式宣告结束后便清扫宫庙，迎接新年的到来。

正月初四要接神，仪式常在下午三四点钟进行。神接回来后，众善男信女便可来宫中祭拜众神，许愿或还愿。

正月初九天公诞和六月初七天门开，都要设醮答谢天公。这一天，种德宫里里外外都是提着供品前来为天公祝寿的信众，拥挤热闹。而岛上的老人几乎都要前来祭拜，小孩子在人群中穿来穿去，就像过节一样，十分快活。

农历六月初七，俗称"天门开"，是民间传说玉帝成道称帝的日子，这一天三界十方神仙都要上天为玉帝拜贺，民间百姓则趁这一天祭拜天公。种德宫在这一天会请来道士设醮答谢天公，称为"做半年"。这一天来种德宫祭祀的信众也非常多，宫中还会煮咸粥免费施给信众及周边的居民。

种德宫正月十二至十八的乞龟活动算得上是闽南所有供奉保生大帝的宫庙中最隆重的了，前后持续六天，这是种德宫主要的信仰活动。在闽南，"龟"象征着长寿吉祥，被百姓看作象征"福、禄、寿、喜、财"的吉祥物，因而民间有用糯米或面粉做米龟的习俗。种德宫供信众乞的米龟最大的约80斤，最小的约50克。乞龟分为放龟、乞龟、还龟三个阶段。正月十二至十八，信众会到种德宫保生大帝神像前许愿，他们将亲手制作或是买来的米龟放在宫中，这称为"放龟种"，意即种"富贵"籽，得"富贵"果。向保生大帝许过愿后，要到摆满米龟的供桌前挑选中意的米龟，生意人取背上刻"生意兴隆"的米龟，而求平安的则取"合家平安"的米龟，各取所需，大小随意，然后带回家，名为"乞龟"。

乞来的龟来年都要奉还的，如果向保生大帝许下的愿实现了，来年必须还龟还愿，而且是双倍奉还。

种德宫一年中还要举行三次隆重的拜千佛活动，在农历的二月十九、九月十九、十二月十九拜包括观音在内的众菩萨。

农历三月十五之前几日，种德宫要举办到白礁慈济宫及青礁慈济宫"乞火"的进香活动。这是种德宫最隆重的活动，仪式从凌晨三四点开始，进香队伍每年都有千余人。进香归来的下午四五点钟，进香船在黄家渡码头靠岸，进香队伍要巡游鼓浪屿的主要街道，然后经三丘田回到种德宫。晚上宫门前会演大戏，邀请来同安、龙海或厦门的歌仔戏团或民间现代歌舞乐队。戏是演给众神看的，所以戏台面向种德宫大门，不过戏台周围也摆了许多椅子，供周围居民和信众观看。种德宫虽然没有像兴贤宫有"大道公出巡"的游街活动，但它的演戏却是厦鼓闻名，有时甚至一连演好几天，或者同时演出两台戏，热闹得很。

农历三月十五据说是保生大帝的诞辰日，鼓浪屿的信众都会到种德宫添油进香。这一天宫中要蒸600多斤鸡蛋，并涂成红色，以保生大帝的名义分给信众的小孩，每人四个。据说吃了保生大帝的生日蛋，小孩就会健康地成长。下午三点左右，宫中会为保生大帝备荤礼，名曰"祝寿宴"。

农历三月十六保生大帝要请各路神明来宫中做客，这就是所谓的"设醮犒将"，要备办30桌酒席，包括鸡、鸭、鱼、肉、酒，这些是为种德宫供奉的36关将和做客神明的侍从准备的。此外，还要准备草料喂神明的坐骑。这整个过程称为"犒将"。设醮犒将仪式结束后，宫中的理事、护法和帮忙的信众就可以分享这些酒菜。

因为种德宫保生大帝神像左侧的神龛中还供奉着一尊土地公神像，所以在农历二月二和八月十五土地公生日时，宫中还会为土地公庆祝两次生日。

种德宫正殿保生大帝神像右侧供奉的是"扶胎救产，保赤佑童"的女神注生娘娘的神像。在农历三月廿日注生娘娘诞辰日，鼓浪屿岛上家中有产妇、小孩的信众都会到种德宫祭拜，乞求注生娘娘保佑产妇及孩子的安全。宫中也会为注生娘娘准备各种供品，除了酒类，茶点菜肴一应俱全，还会准备鲜花、化妆粉、胭脂、香水等供品。宫中还要蒸红蛋，买来儿童爽身粉或其他物品送给前来祭拜的妇人儿童。给注生娘娘的供品中有一种俗名为"春花"的仿生花和"漳州碰粉"。"春花"，闽南一带叫"春仔花"，它为扎花的一个品种，是以缝为主、缝扎结合的手工扎花工艺。扎制、插戴"春仔花"习俗已有400多年之久，《厦门志》对扎花习俗早有记载，称其为"象征花"。闽南话中"春"与"剩"谐音，象征年年有余，妇女戴上一朵春花，期望风调雨顺，五谷丰登，年年有余。春花式样很多，有"石榴花"、"梅花"、"灯笼花"等形状，按习俗用途分，还分为常年各种场合可用的普通"春花"，新婚时用的"新娘花"、"婆婆花"，祝愿用的"孩童花"、"寿花"，丧事用的"答礼花"等。"春花"现在已经被列入厦门市的非物质文化遗产项目。

除此之外，五月初二保生大帝祭、五月十三关帝爷诞、九月初九中坛元帅诞、九月十三关帝爷祭和每月十六的供关将也都是种德宫平日会举办的信仰活动，虽然祭拜仪式相对简单，但也是礼数周全准备充分，没有忽视和怠慢之意。

几经沧桑兴贤宫

"远道而来"保岛民

日光岩下的岩仔脚，也是鼓浪屿原住民聚居的村落。岩仔脚有一座兴贤宫，供奉的也是保生大帝。与种德宫不同的是，兴贤宫里的保生大帝不是来自近在咫尺的同安，却来自于浙江温州，这其中亦有一个有趣的故事。

兴贤宫始建年代不详，它原属中华路 6 号，是鼓浪屿岩仔脚的社庙，被岛上居民称为"大宫"，以区别内厝澳的社庙——种德宫，兴贤宫的周围也以此为坐标，称为"大宫口"和"大宫后"——比如当年靠着荷兰领事馆的厦门税务司（海关）英籍验货员的公寓就因为在兴贤宫的后面，而被称为"大宫后验货楼"。在鼓浪屿这座小岛的开发史上，兴贤宫有着不可忽视的地位，它是岛上地名的重要坐标。居住在兴贤宫附近的居民，习惯上称他们是住在大宫口，或大宫后、大宫顶、大宫边——这"大宫"指的就是兴贤宫。甚至有海外寄侨汇信件来，只要在信封上写清是厦门鼓浪屿的大宫口还是大宫后，是大宫顶还是大宫边，这信件就能准确抵达收信人的手中。那些离乡背井在海外求生的华侨，在信封上写下这些地名的时候，也许会有几分思乡的情绪随之弥漫缭绕，一如兴贤宫外缭绕的香烟罢？

兴贤宫原来祀奉的主神是关帝爷，传说清咸丰年间，同安富商黄肥怀曾居住在兴贤宫所在的岩仔脚，他在厦门经营南北货物贸易商行，兼营船队运输业，拥有九十九艘航行南北的大帆船，十分富裕。他听说浙江温州有一座庙宇供奉的保生大帝十分灵验，为了求保生大帝庇佑他的船队在海上航行安全，黄肥怀让押船的人到温州的大道公庙宇，以"打卦"（俗称"拨杯"）的方式，请求保生大帝到鼓浪屿受居民膜拜。经连打"三卦"，保生大帝"表示同意"后，黄肥怀在夜间将保生大帝的神像请到自己的船上收藏。隔天清晨，温州大道公庙发现保生大帝神像被人请拜走，猜想到一定是福建船队所为，于是派人到黄肥怀的船上搜查，但却一无所获。运载保生大帝神像的船只，于是顺利地驶回了鼓浪屿，也把这尊远道而来的保生大帝神像请进了兴贤宫。

清咸丰八年（1858 年），黄肥怀带头捐资，并发动鼓浪屿的地方人士募捐，将旧有的兴贤宫扩建为二进的庙宇，把关帝爷的神像移至后殿，而将温州请拜来的保生大帝神像祀奉在前殿，从此兴贤宫香火日旺。

扩建后的兴贤宫有两落，前有八卦埕、戏台、大道公圣泉药井，殿前还有两株古榕，宫前的小小广场也成为了一个热闹的场所。

1907年出版的《仁姑娘：在厦门传教18年的简短生平》收录了一张兴贤宫1885—1903年期间的照片，当时的兴贤宫规模虽然不大，但却相当气派。

就算是在工部局时代，兴贤宫也维护良好。1935年出版的《厦门摄影大观》上便有工部局时代的兴贤宫照片。照片中的兴贤宫的入口已装上了栅栏，宫前广场平整，有两个金炉分立左右，宫前老榕树繁盛茂密，小贩们在此经营小小的买卖。而兴贤宫山墙外的道路相当宽敞整洁，应该算得上是当时鼓浪屿的主要街道。

此时的兴贤宫依然是鼓浪屿的重要地理标志。然而在洋人洋行遍布鼓浪屿的时代，它的四周已经都是洋人兴建的房屋产业了：它的西面马路对面是番仔球埔（如今的人民体育场），东边是番仔墓（如今的鼓浪屿音乐厅），南侧是海关的物业。

令人惊奇的是，即使是在这样蛮横的包围中，兴贤宫不但没有被拆除，反而依旧是香火鼎盛，并成为中西文化交汇的奇怪而有趣的所在——这种现象在百年来的鼓浪屿，其实也并不少见。绘制于工部局时代的鼓浪屿地图上标明了番仔球埔与兴贤宫之间的马路为"TEMPLE　ROAD"，"TEMPLE"是"庙宇"的意思，说明这条当年繁华的道路是以兴贤宫这个中国宫庙来命名，而不是洋人所建的球埔。第二次鸦片战争以后，由于鼓浪屿上居住着大量的外国人，1873年清政府在岛上设立了处理通商和涉外事宜的通商公所（后改称"保甲局"）。1900年，保良局最初就设于兴贤宫。另外，1910年10月30日设立的外交部厦门交涉署最初也设在兴贤宫。可见当时兴贤宫地理位置之重要。

工部局时代的兴贤宫

　　1915年，鼓浪屿乐善好施人士组成了兴贤宫的董事会，林尔嘉等著名人士和岛上200多家商号、洋行及各社团题捐重修兴贤宫，并刻碑留记。兴贤宫更是名声远播，成为华侨和过往商贾首选朝拜进香之地，并分香到台湾、东南亚一带，成为保生大帝的祖庙之一。

　　兴贤宫聘用专人管理宫务。1919年之前，曾聘请日光岩寺的清智法师管理，清智法师离宫回日光岩寺当住持后，改聘洪爱仔管理。

人神共乐闹民俗

　　当年，岛上许多的民间活动围绕着兴贤宫和种德宫进行。兴贤宫在许多传统的节日都要举办隆重的请神民俗活动，娱乐和丰富着岛上百姓的年节生活。

每年正月十五元宵节，兴贤宫要举办乞龟与猜谜等活动。每逢重要活动之时，兴贤宫还会请来剧团在宫前的戏台演起名目不同的大戏：正月十五元宵节演的是八仙为王母祝寿，五月初五端午节演的是吊屈原溺水，七月初七七夕乞巧节就演牛郎织女，八月十五中秋节演《白蛇传》里的故事——状元许梦蛟拜雷峰塔。唱戏的锣鼓一敲，鼓岛上的居民便聚集兴贤宫，看戏玩耍，好不热闹。

每逢农历三月十五保生大帝诞辰之时，董事会要提前开会，选择在三月初十左右，举办奉保生大帝的神像到同安白礁宫（现属龙海市角尾镇）乞火进香的仪式。

乞火进香结束，保生大帝的神像回到鼓浪屿时，除了要在兴贤宫前的戏台演戏酬神外，还有各群众团体组织的人物化装踩街。踩街队伍中，彩旗、梁伞、大鼓吹乐队、马阵吹在前，接着是踏水车、纺纱女、牧童骑水牛、公背婆、童子拜观音、西天取经、三英战吕布、水浒传中一百零八将的阁阵、《白蛇传》中之法海禅师的水淹金山寺、郑元和与李亚仙的打花鼓、旅居鼓浪屿的福州人表演的踏跷队等等。节目繁多，各路人马前来竞技比赛，各显神通。踩街队伍要经过岛上各条街道巷弄，所到之处的两旁站满了观众，快活拥挤。而抬着保生大帝及其他神像的辇轿则殿后——意为"押尾后"。这一幕幕情景真是乐趣众多，人神共喜，岛上的老人们还在脑海中留存有深刻印象。

洋眼旁观土宫庙

兴贤宫不仅是当时鼓浪屿的居民拜神求签的所在，也是大人们闲谈看戏、孩童们玩耍嬉闹的地方，它一定是彼时鼓浪屿居民生活重要而不可或缺的部分。生活在它附近的岛民大概习惯了每日睁开眼就能看见它，就如同抬眼望见高高在上的日光岩一样。

在厦门传教长达18年的英国女教士仁力西（Jessie

Johnston），曾经以一个外国人的眼光观察并记录了她在鼓浪屿时某日发生在兴贤宫前的事情，她这样写道：

> 正午时分，空无一人的网球场上（即今人民体育场），清凉的绿意延伸在马路的这边，而路的另一边是保生大帝的庙。庙前的空地上有一两个小贩，卖着甘蔗、花生和茶，生意时有时无，几个小孩在玩着石头和木片。庙的屋顶别具一格，有着红红绿绿的釉瓦，角落边香烟从一个筒中冉冉升起，信众带来的纸在开口处燃烧着。木栅的上部开敞着，一位老妇人经过栅门进了庙，她褪色的蓝外套打着补丁，灰白的头发上绑着黑带。在她的面前是一尊坐着的黑色神像，面目狰狞，而观音和其它较小的神明则挤在墙上的小壁龛中，顺着又长又高的桌子一字排开。摆放在神祇前的白镴香炉填满了香灰，上面插着细细的香。

> 老妇人拿起了桌上的两片半月形的板，在拜过神像后，跪在了满是灰尘的地上，将月板一次一次地掷到地上，直到她获得了满意的答案。然后，她向从侧门中出来的僧人求签，从挂在墙上的锡皮圆筒中抽出了一个写满字的竹签。僧人看过签后递给她一张写了字的纸，在跪拜之后，她从白镴香炉取了一点香灰包在了纸中。

> 站在庙旁的几个闲人抽着烟，其中一个说道："给她的孙求点粉，他快不行了。"老妇人疾步离开，面颊抽动着，眼神灰暗，她唯一的希望就是这包香灰和她向保生大帝的祈祷。

在洋人的宗教没有来到鼓浪屿前，岛上有近 80% 的居民信奉的都是保生大帝。即使在洋人统治鼓浪屿、外来的宗教在鼓岛流行开来的工部局时代，兴贤宫在民间的重要地位也并没有受到影响。著名的汉学家、翻译家翟理思在其担任英国驻厦门领事馆代理领事期间的 1878 年 10 月出版的《鼓浪屿简史》（《A Short History of Koolangsu 》）中是这样描述兴贤宫的重要性的：

为照顾中国人信奉宗教的需要，除了基督教新教的机构外，在这个岛还有四个拜神的地方，其中最重要的是坐落在棒球场边上，在两株繁茂的榕荫下的兴贤宫，奉祀的神是保生大帝。

约翰·汤姆生（John Thomson）记录的厦门所见所闻里就足见当时兴贤宫的重要："1907年6月，厦门瘟疫横行，民众涌向鼓浪屿企求兴贤宫神祇的庇护。"在洋人眼中，他们即使不能理解厦鼓居民对保生大帝的膜拜，但居住在这座小岛上的异乡来的他们也不得不接受这土生土长的虔诚信仰，接受那日复一日神像游行的锣鼓喧闹，接受那宫庙附近缭绕的袅袅烟雾。

几度迁徙终安身

新中国成立后，兴贤宫仍由洪爱仔管理，但已没有再举办到白礁谒祖的活动，只在每年元宵节举办乞龟活动。1966年"文化大革命"期间，兴贤宫里的保生大帝及其他神像被红卫兵小将搬到了人民体育场烧毁，兴贤宫也被鼓浪屿区政府文化部门接收管理。

1985年，兴贤宫被拆除改建为青年宫，后又被出租作为商场，商场也因经营不善继而关闭。2005年5月，青年宫被管理部门列为危房而夷为平地，曾经辉煌一时的兴贤宫再难觅踪影。今天鼓浪屿岛上的马约翰广场大概就是当年兴贤宫的位置，如今游客纷纷走过这个广场，在马约翰的雕像前驻足，美丽的鸡蛋花朵朵落在地上，昔年的番仔球埔、如今的人民体育场依然有孩子在快乐地踢足球，只是仁力西、翟理思他们笔下的兴贤宫已经是久远以前的风景了。

兴贤宫被拆除后，宫里供奉的保生大帝只好"搬家"到了鹿礁路林氏府的走廊上，信众们为他建了个行宫——是厦门最简陋最袖珍型的保生大帝宫庙了，却依然有厦鼓居民以及来自台湾的信众的供奉——台湾的信徒每年农历三月十五都会到鼓浪屿拜谒保生大帝。

2005年5月10日，兴贤宫行宫组建了理事会，并在2006年和2007年的农历三月举行两次规模盛大的过海谒祖请火仪典，为50年来兴贤宫最隆重的活动。

2006年5月20日，林氏府因台风而倒塌，保生大帝神像被移奉不远处的林氏府内的六角亭。虔诚的信众们用木板将透风漏雨的亭子四周封住，为保生大帝搭盖了一座临时小庙。

林氏府倒塌之后，政府准备修缮时发现它共有125个关联人，散落在世界各地，根本无法确定产权所有人。鼓浪屿管委会从中协调，林氏家族推选出林尔嘉长孙林南全权处理，前后历时4个月后，最终促成了老宅的产权易主。2007年1月，林氏府现在的业主在林氏府小楼水井旁利用一幢旧民房翻建改造成新的兴贤宫。

新建成的兴贤宫总面积仅30多平方米，单间的庙宇，依然保留闽南的建筑风格，按照老照片上的样式复制了大门两旁的石狮。宫里悬挂有来自台湾保生大帝庙宇联合会所赠送的"惠我苍生"樟木牌匾。从规模上来比较，新的兴贤宫已经不及它鼎盛时期的三开间三脊两进的形制了。

2007年7月29日，兴贤宫新庙举行了入火安座仪式，当日从临时行宫迎请保生大帝神轿至新庙，并在鼓浪屿岛上绕境踩街。由数百位信众组成的队伍抬着保生大帝的神轿，在西乐队、舞龙队的开路下，浩浩荡荡地巡游鼓浪屿后在兴贤宫新庙举行三献礼仪式。鼓浪屿不少居民立街观看，场面热闹欢腾，重现了几分昔日兴贤宫的盛况，而兴贤宫里的保生大帝终于也有了安身之所，不会再有"迁徙流离之苦"。

消失殆尽三和宫

天妃庙屡经兴废

鼓浪屿笔架山东北麓濒海处，也就是三丘田一带，曾有一座供奉妈祖的天妃庙。

妈祖的真名为林默（960—987年），小名默娘，故又称"林默娘"。她是福建省莆田人，自幼信佛，又习法术，通晓天文气象、善于观察海上风云变化，使出海渔民避凶趋吉，护佑群众。人们在她逝世后为其建庙祀奉，奉为航海的保护神，因她未出嫁的身份而尊称她为"妈姑"，后广称为"妈祖"，并称祀奉其神像的宫为"妈祖宫"。

妈祖崇拜随着甬台航道发展兴起，后因漕运传布到沿海沿江。

天妃庙的始建年代已无从考证。大约在清康熙年间，它被扩建为佛教庵堂，改称为"瑞晄庵"。妈祖信仰的衰微与当时清廷实行"海禁"不无关系。

瑞晄庵几经修葺，成为规模颇具的佛寺。乾隆《鹭江志》有这样的记载："旧为天妃庙，俗呼为三丘田。前临海，后负山，小舟直抵其下……今僧募筑十数间，有楼有亭，颇觉宽敞。"

三和宫重祀天后

瑞晄庵后又改名为"三和宫"，并重起香火，祭祀妈祖娘娘，是清代厦门供奉妈祖的主要庙宇之一。

清嘉庆八年（1803年），福建水师提督王得禄率他的水师在瑞晄庵前修葺战舰，见到宫宇凋敝，他于是默默许愿：倘若他得到妈祖娘娘的庇佑，能在与海盗的战争中克敌致胜，他便要重修庙宇，为妈祖娘娘添灯加油。

王得禄果然在海上打了胜仗，并且得以加官晋爵。虔诚的他不忘承诺，带头捐出自己的俸禄，还向富商们募捐，重修扩建的三和宫于嘉庆十八年（1813年）完工。这是瑞暎庵改称三和宫的由来。王得禄亦将这个故事刻碑为铭，镌于三和宫后的摩崖绝壁上，这也是关于瑞暎庵改称三和宫的最早文字记载。《重兴鼓浪屿三和宫记》的摩崖石刻现今仍存，位于鼓浪屿鼓新路49号民宅后的巨石上。

《重兴鼓浪屿三和宫记》字幅高约11.5米，宽约6.4米，镌刻楷书17行，共346字。由王得禄撰文，候补知县王圭璋书写，碑文记载了三和宫重修始末并有王得禄镇剿嘉庆年间蔡牵、朱渍海商集团的重要史实。这是目前国内所存最大的记述天妃妈祖的摩崖石刻，为厦门市级文物保护单位。

三和宫重修后，颇为宏伟壮观，一时之间也是香火不断。清道光初年，王得禄去任，三和宫的住僧恢复了主殿供佛，将"三和宫"改名为"法海院"。王得禄在鸦片战争期间病逝于驻守澎湖的任上，这是后话了。

宫宇消失如迷雾

三和宫后又改称"法海院"，更改时间未详，只能依据道光版《厦门志》"瑞暎庵"条下的夹注"又名三和宫，今改法海院，颇壮丽"推算出三和宫改名时间大约在道光十九年（1839年）的《厦门志》成书之前。

法海院大约废于清末民初，废弃原因曾经成谜。后经新加坡国立大学亚洲研究院博士后研究员陈煜透过外文史料所载信息，才将这个谜题揭晓。

鸦片战争后，各国洋行、领事馆纷纷来到鼓浪屿建屋修房，拓展势力范围。英国著名汉学家瞿理思在其1878年出版的《鼓浪屿简史》（已编入厦门大学出版社出版、何丙仲译著《近代西人眼中的鼓浪屿》）中，介绍了一处奇特的、引人入胜的人造景观，那就是怡记行商的小屋，小屋当时有个非常流行的名字，叫做"Anathema Cottage"，意为"被咒逐的小屋"。这座小屋建成于1876年，几乎贴着高度为50英尺到60英尺的巨岩建造，因为高居山顶，所以尽享海天风光，成为鼓浪屿十分独特的建筑。而这座小屋从地理位置来对照，正是笔架山顶上现存的英国汇丰银行公馆，它恰恰位于《重兴鼓浪屿三和宫记》摩崖巨石的顶上。

怡记洋行是有名的英商茶行，1862年在厦门成立，4年之后在台湾打狗（即今台湾高雄）设立了分号，其行商一度担任多国的领事。怡记洋行看中了包括三和宫旧址在内的一片土地，要购买下来修建房屋。原本，中国官府以有碍风水的理由，拒绝了怡记行商。然而，他们不能拒绝金钱的贿赂。按翟理思的话说，"这些反对意见，在善用了一些墨西哥银元后的一团和气之下，像雪一样地融化了"。 翟理思的《鼓浪屿简史》中，还附有从怡记商行手中拿到的一份《重兴鼓浪屿三和宫记》的英文译本。

翟理思在书中还写道："就在岩石前，也就在不久之前，竖立着一座非常精致的庙宇，是奉献给圣母的，也被称作是天后的神灵，她是航海者和其他以海为生的人的保护天使。看看时代的堕落！现在一位番鬼医生，在这曾是庙宇的神圣基址上令人讨厌地纵情享乐，界址之内番鬼的笑声唤起邪恶的回声，而仅仅几年前，这里回响的还只是谦卑的信徒乞求女神庇护的喃喃祈祷声。"

据陈煜文章所引用的1881年注册的中外契约上，可知怡记行商所购买的产业是坐落在"鼓浪屿土名、后河顶、观彩石、大字干、嘉令石、九层塔、河仔下、荔枝宅"，覆盖了从笔架山东麓绵延至三丘田海边的大片土地，包括了三和宫。虽然契约中并没有提到三和宫，但据陈煜推测，很可能三和宫原来的土地是信徒献给庙宇使用的，因此三和宫没有出现在只涉及土地业主的转让契约中。

翟理思的《鼓浪屿简史》多少揭开了三和宫被拆毁的始末：

1876 年三和宫所在的土地被英国的怡记行商收购，怡记行商无视中国人的风水观念，也不惧怕神灵的诅咒，在贿赂了地方官后，盖起山崖上那座被戏称为"被咒逐的小屋"的山顶建筑。

也许真的是触怒了神明，也许是冥冥之中真有诅咒，怡记洋行在"被咒逐的小屋"建成后不到 10 年就已倒闭破产，而"被咒逐的小屋"和相邻的土地建筑，转让给了德记行商勿鲁士，大约一年之后再转给另外一位英国人。1893 年 4 月，"被咒逐的小屋"为英国汇丰银行所购得，成为它的公馆。

大约在 1893 年，有个叫"乔治·普莱斯"的外国人为这个"被咒逐的小屋"拍下了两张照片，照片的注解则写着："'Anathema Cottage'坐落的岩石表面，刻着重修三和宫的记录。"普莱斯还写道："路过的行人徒然地寻找着三和宫，在原本献给天后的土地上，现在矗立着一座外国人的房子。不再有感恩的声音回响在曾经缠绕在圣域内的如荫绿丛，当午夜的沉寂为一阵洋乐所打破，人们几乎期待着见证女神的愤怒，或是看到复仇勇士的幽魂从地面升起。"

一个多世纪的时光飞逝，今日的游客在感叹山崖上白色小屋的设计精巧，风光无限美好的时候，大多不知道这其中的故事与变迁，而无论是翟理思笔下那令人讨厌的番鬼医生纵情享乐之声，还是普莱斯所写的女神的愤怒和复仇勇士的幽魂，也都和当年庙宇里信众的祷告声一起，消失在了岁月的烟雾中。

通往汇丰公馆的上山小路，可以很清楚地看到《重兴鼓浪屿三和宫记》的巨大摩崖石刻。曾经也被杂草掩盖了，屈居于私宅后院。这是主人家近百年的祖屋，虽然他的家人都在美国，后代子孙中有人已是传教的牧师，但他眷恋故土，不愿意迁居。

了闲道社钟声歇

现位于鼓浪屿鼓声路 1 号的了闲别墅是一座与鼓浪屿其他老别墅相比显得素朴的近代别墅。琉璃花砖的女墙，楼前原有一座称为"可亭"的亭子，亭子上原有联句："听钟声歇事便了，看花影移心更闲"——这便是"了闲别墅"名字的来历，据说是扶乩所得。可亭已废，了闲别墅的花园却仍然郁郁葱葱，花木成荫。别墅的二楼可遥望海天一色。鼓声路旁的巨石上所镌刻的"了闲"二字，至今犹存。

了闲别墅是厦门了闲道社的道场，《厦门市志（民国）》第 722 页对该道社有这样的描述："鼓浪屿了闲分社，供奉娄公德光（群呼曰娄大仙）。公于明唐王时，殉难福州。聪明正直之谓神，死而为灵，理固然也。"了闲道社供奉的主神是娄真人，他是明代忠臣，姓娄，名德先（1592—1645 年）。民间传说他以身殉职后飞升为真人。清光绪二十四年（1898 年），翰林郭曾炘在福州城内其旧府第"玉尺山房"创立了闲道社，供奉娄真人。鼓浪屿的了闲道社是福州的了闲道社分坛，最初由自福州迁居厦门的林端设在其现编为鼓新路 26 号的鼓浪屿家中。

鼓浪屿了闲道社设立后，由林端与侯灵岗（道号性荫）任筊司。另有福州的一名修道者郭则寿，道号性彬，也从福州调至厦门工作，奉派为司宣。襄理坛务的有：王君秀、郑汝霖、周醒南、黄省堂等不少当时的厦鼓名人，了闲道社因此十分热闹，"每遇香典，济济一堂，诚盛事也"。

因为信众日多，而林端家中所设的道场显得狭小拥挤，新建道场成为必需。于是，修道的厦门海关监督王君秀、厦门市政督办公署会办周醒南、鼓浪屿华人议事会议长卢季纯、中医师林寄凡和富商吴友山等五人配合向道侣与各自的亲友募资购地筹建。1928 年，他们在鼓浪屿日光岩下西侧购得一块风水景致上佳的地，"背倚云崖，面临鹭海，烟波浩淼，水天一色，胜地也"。了闲别墅从 1928 年冬天开始动工，1929 年夏天建成。

了闲别墅由周醒南负责设计，别墅占地面积约 1000 平方米，是一座中西合璧的别墅，有前后楼房。了闲道社除了供奉娄真人和戚真人、慧真人、林真人、王真人、李真人、郑真人、许真人、杨真人八位真人外，还供奉着观世音菩萨与地藏王菩萨。道社也经常邀请僧人前来讲经做佛事。厦门妙释寺及鼓浪屿日光岩寺的善契、善琳、善见、善琛、善扬、达友等法师都曾来过道社。1930 年圆瑛大师、1938 年弘一大师也曾应邀到了闲别墅讲经说法。

了闲别墅环境幽静，风光秀美，彼时居住鼓浪屿的文人雅士、富商名医等时常前来拜访。1938 年 5 月间，日军侵占厦门时，厦门岛居民多逃至鼓浪屿避难，这其中有文化商界名人如李伯端、龚昌庭、余用三、李荣贵等人，他们也常常到了闲别墅闻道听法，还时常举办诗会，以诗词唱酬，在了闲别墅这一胜地里暂时忘却了世事的不如意以及战乱的哀愁。

虽然了闲道社并非真正意义上的道教场所，其宗教色彩也并不十分浓厚，但它亦有一些宗教活动仪式，主要内容有：课诵《大洞仙经》、请神扶乩、礼拜千佛、举办普利法会、礼请高道高僧讲经说法等。《厦门市志（民国）》有几处提到了闲道社的扶乩活动："扶乩一事，走江湖者优为之，诗则大半宿稿也，间亦有真者。闽省人民政府未开幕时，十九路将领往鼓屿，了闲社扶箕，有句云：'三妹胭脂空自赏，中郎才调枉成名'，明谓蒋、蔡无功也。而当局不悟，竟组闽府，卫师一来，纷纷返粤，盖世英名，付诸流水，事固可前知耶？"这记载里有几分命运天注定的感慨，但也从侧面反映了当时了闲坛的请神扶乩之兴盛。

1935 年之后，了闲别墅热闹不再，门庭冷落，那些曾经狂热的道社执事们或离开厦门四处星散，或垂老辞事，又因为战乱频仍，了闲坛的活动也已经时停时续，最后终于彻底停歇，没有声息了。

1946 年之后，曾经喧嚣一时的鼓浪屿了闲道社仅剩卢季纯的夫人和他道号"性禅"的妹妹早晚课诵。

1948 年，中共闽浙赣边区城市工作部厦门市委还在此建立了秘密活动据点，并召集共产党员在此学习毛泽东的《目前形势和我们的任务》等文件，迎接即将到来的解放。

1949 年，性禅逝世；1956 年，卢季纯的夫人赴加拿大定居。

1958 年，了闲别墅被厦门市房地产管理局接收管理，后为民居。

"搬"回家的土地庙

被称为"福德正神"的土地公是中国各地都膜拜的神明，为中国民众最普遍敬奉。鼓浪屿也不例外。小岛上曾经有过一座袖珍的土地庙——土地公宫，大约建于清朝中期，旧址在中华路末段处，原名为"石美宫"，岛上的居民习惯称之为"土地公宫"。

土地公宫也成为了鼓浪屿一个辨别方位的地名，宫前也同样有过一条小河——"土地公河"，后来被填没。

中国人供奉土地公往往规模不大，田头地角，路边树洞都可以安放。鼓浪屿的土地公宫也不过 10 平方米。但后来这座小庙也不存，莫非是岛上的居民是依了厦门人的风俗习惯，把这尊小神各自请回家中的神龛供奉了？

厦门人一般在家里供奉土地公，每逢初一、十五、逢年过节都要敬奉。土地的生日多，每个月的初二、十六日做"牙"，要给他办些酒菜，街市商店还要祭祀"门口公"。土地公的两个大生日是在每年的二月初二和八月十五，厦门民间又有二月初二是土地婆生日的说法。这两个生日要备"三牲"大礼祭祀。而在每年的农历十二月十六，是土地公的最后一个生日，俗称"尾牙"。商号店铺敬奉"门口公"更加热闹，至少要"三牲"（鸡、鱼、肉）齐全，丰盛菜肴，焚香点烛，烧金银纸，鸣放鞭炮。祭祀完毕，头家（老板）摆下酒席，宴请所有伙计，一是答谢大家一年的辛劳，二是决定伙计来年的去留。如今尾牙的风俗愈演愈烈，成为各个单位年终聚会的借口，也算得上是闽南地区十分独特的民俗。

附本章参考资料：

1. 《鼓浪屿缺失的地标——兴贤宫》、《三和宫为何只剩下摩崖石刻？》 陈煜，《厦门晚报》2006年7月10日"乡土版"

2. 《了闲坛概况》，香港了闲道社有限公司编印，1990年版

3. 《厦门了闲道社述略》，陈全忠著，《道学研究》2003年第2期

4. 《厦门文史资料》第二十辑，厦门市政协文史资料委员会编，1994年版

5. 《弘一大师年谱》，林子青编，上海佛学书局，1995年版

6. 《厦门市志（民国）》，厦门市地方志编纂委员会办公室整理，方志出版社，1995年版

7. 《鼓浪屿文史资料》第五辑，鼓浪屿区政协编，2000年版

8. 《了闲坛沿革》，王弼卿著，内部资料

9. 《妈祖的子民——闽台海洋文化研究》，徐晓望著，上海学林出版社，1999年版

第二章

佛　教

　　自公元前 2 年传入中国后，佛教在中国广为传播发展。佛教与闽南一直渊源非浅，在闽南各地香火鼎盛，据目前可考之史载，佛教在隋代先传入同安，在唐大中年间（847—859 年）传入厦门岛。

　　佛教在中国形成了许多带有中国特色的宗派。晚唐至北宋初期，中国佛教的南禅五宗——临济宗、曹洞宗、云门宗、法眼宗、沩仰宗，再加上临济门下分出的黄龙、杨歧两派，合称五宗七派，这是唐朝以后的佛教主流。明代以后，厦门的佛教有三个宗派：一是临济宗，以厦门南普陀寺（喝云派）、万石岩寺、虎溪岩寺等为代表，佛寺为数较多；二是云门宗，即以鼓浪屿的日光岩寺为代表，与厦门妙释寺（已废）、龙海的龙池岩寺等属同一宗派；三是曹洞宗，以厦门白鹿洞寺为代表，数量少。

　　明朝初年，厦门建城，因厦门岛屿山多之特殊地貌，遂有不少僧人在山上修建起佛教寺岩。及至明代中后期，厦门著名的寺庙已有五老山前的普照寺（南普陀寺前身）、玉屏山上的玉屏寺（虎溪岩寺前身）、万寿岩寺、方广岩寺和觉性院，而鼓浪屿的莲花庵（日光岩寺前身）亦在其列。

　　而鼓浪屿何时初始有佛教的踪迹，历史已无详细记录，只能依此大致推算出佛教开始在鼓浪屿繁衍生根应该是在岛上有寺院之时，也就是明代。

万历十四年（1586 年），开始有僧人在日光岩上依岩结庵住修，供奉观音菩萨，"莲花庵"由此得名。岩后有"莲花庵"石刻，岩洞口横梁上雕刊"明万历丙戌年冬重修"九字。彼时的莲花庵仅有石室一间供僧人住修。天启三年（1623 年），据福建巡抚南居益登临日光岩的题诗《鼓浪屿石岩礼佛同谢瘗之池直夫》中的"岩际悬龙窟，寰中构蜃楼。……崇岩参佛古，仄径蹑云层。……遂作凭虚观，因逢彼岸僧"诗句可知：此时日光岩寺不仅有岩石为顶，还建起了僧舍楼宇，并有僧人驻锡。

厦门历史上有名可查的庵中，鼓浪屿有两座：日光岩的莲花庵以及后改称法海院的瑞晱庵。可见当时小小的鼓岛，佛教的香火也算旺盛缭绕。

清康熙二十二年（1683 年）施琅统一台湾后回驻厦门，厦门逐渐发展成为东南沿海的港口重镇。清初被毁的许多寺岩陆续得以恢复重建，如施琅扩建普照寺并改称为南普陀寺，吴英兴建虎溪岩等，鼓浪屿上寺庙也更加发展壮大，日光岩寺的梵咀钟声已经成为鼓岛一景，而瑞晱庵经历多次扩建，也颇具规模，蔚为壮观。

20 世纪 30 年代初，厦门佛教会倡办定期念佛法会，日光岩寺也举办过定期的念佛法会。这一时期的鼓浪屿来过不少高僧大德：弘一大师在日光岩寺闭关静修，圆瑛、太虚等近代佛教大师都曾踏足鼓浪屿讲经弘法。

除了专门的佛教寺庙外，鼓浪屿岛上的其他民间信仰场所信仰混杂，同时供奉佛教菩萨，比如道教的了闲道社就供奉有观音。而民间亦有自发开展的对佛佛的信奉活动。1938 年 5 月，日军侵占厦门后，许多居民涌向鼓浪屿避难，一些居士创办以念佛救国为主的小组织：有蔡善解居士组织的"晃岩念佛会"——后改名为"晃岩精舍";马乾骅居士组织的地藏法会;鼓浪屿的居士苏谷南、何仰潜组织了"地藏法会",廖瑞崇、陈毓贤等居士组织的"莲池助念团"。这些佛教小团体会不时把和尚和法师请来讲经,每逢大的佛教节庆,信徒们就到日光岩寺或厦门的南普陀寺去参与活动。

1941年,厦门佛教会在鼓浪屿分设办事处,由日光岩寺住持释善契、居士王谷表等主持办事处事务。

佛教在鼓浪屿一直是在夹缝中生存。佛教初传入中国时,被不甚明白的中国人用道教来理解,譬如日光岩与寺有"鼓浪洞天"的别称,"洞天"便是道教用语,显然佛、道在此又融合了。佛教的传播一直依赖文人雅士,但厦门、鼓浪屿文风素不发达,因为在成为公共租界前,鼓浪屿只是个偏居一隅的小岛,是地图上的一个角落,来此游玩的多是在职或者未来的官员。因此佛教在鼓浪屿始终不兴旺,抗战时短暂的热闹是因为很多避难鼓浪屿的厦门难民要求精神上的安慰和寄托。

"文化大革命"中,厦门佛教曾一度寺废僧散,正常的宗教活动被迫停止,鼓浪屿也未能幸免,日光岩寺被占用,殿宇、佛像、法器也多被破坏。

1983年,日光岩寺重归佛门。1985年8月,日光岩寺是厦门市宗教局批准宣布的首批7家开放寺院之一,并得到重修扩建,成为鼓浪屿现存唯一的佛教禅林。

天风海涛日光岩寺

梵咀钟声亦一景

海拔92.68米的日光岩是鼓浪屿的最高点,亦是鼓浪屿的必游之地,但凡远道而来的游客都不会错过它的好景致,定登高一览美景。

日光岩，别名"晃岩"，位于鼓浪屿龙头山顶，它其实只是一块地上高90多米、直径40多米的巨石，而非巍峨的山体。但站立在它的方寸之巅上，凭海临风，极目远眺，鼓岛风光尽收眼底，景致的确无可比拟。

日光岩下的日光岩寺，便依托了这天生的好风景，也成为游客必游之景。

日光岩寺是鼓浪屿最早的佛教寺庙，初建时名为"莲花庵"。有关日光岩寺名称的来历乃是因自然地理而来，因为每天凌晨朝阳从厦门五老峰后升起，日光岩最先沐浴在璀璨阳光中，故得名为"日光岩"，寺庙便称"日光岩寺"。

既是胜景，自然少不了文人墨客的足迹，他们还留下了不少吟咏日光岩景致的词句，这些词句里分明可见日光岩寺的踪迹。比如明朝的池显方对南居益《鼓浪屿石岩礼佛同谢寤之池直夫》所和的《陪南思受谢简之登鼓浪屿和中丞韵》中有诗句"虽小亦门户，如何不一登？新城盘曲折，古寺俯稜层"，这描绘的正是岩石之下小庙宇的构建幽深与古意撩人。清代的薛起凤则叹"孤岛禅林景物幽，寻僧同诉碧江流"，可见日光岩寺的清幽雅静。还有清代的林兆鲲写有《凤凰台上忆吹箫·鼓浪洞天》一词，词句云："新来客，钟声远接，引人洞天。岩前老僧指点，这一所村庄，曾憩征鞍"，在鼓浪洞天之上，日光岩寺的梵咀钟声已经融入这天风海涛之中。

日光岩的美景惹得一个名叫"黄仲训"法国籍越南华侨心痒，1918年他来到鼓浪屿买地建房，在日光岩下建起瞰青别墅，喜欢附庸风雅的他请来许多人代笔或赠字，在日光岩的许多巨石上刻诗镌字。由于他的别墅将日光岩圈为私人花园，还筑起围墙，遭到非议也打起官司，最后他不得不把日光岩改成公园。

被俗称为"一片瓦"的日光岩寺，比起其他占地广阔的寺院，确实袖珍可爱。它其实是一个天然的石洞，以巨石为顶，再依山形地势而建。据史载，那是明代僧人入厦后，利用厦门岛岩石遍生的特点，依岩而建寺庙，如云顶岩、虎溪岩、万石岩等，日光岩正是这十五座岩寺中的一所，与妙释寺、同安的梵天寺旧时是南禅五宗之一的云门宗所属寺院。清代周凯所编的《厦门志》里这样描写这座袖珍的岩寺：

> 鼓浪屿，厦门东南五里；在海中，长里许。上有小山、民居、田园、村舍（按《方舆纪要》："在大嶝西，旧有民居。洪武二十年，悉迁内地；成化以后，渐复其旧"），郑氏屯兵于此（上有旧岩遗址）。左有剑石、印石浮海面，下有鹿耳礁、燕尾礁（《鹭江志》）。东为日光岩（亦曰晃岩。上有龙头石，俗名龙头山。池直夫居其下；有晃园，极花竹之胜），石刻"鼓浪洞天"四大字。有寺，乾隆间僧瑞琳募修（《县志》）；旧惟石室一间，后建高楼及旭亭。旁有小洞，堪避暑（《嘉禾名胜记》。）今寺圮。

到了民国时期，日光岩的景致更被推崇。民国重修的《厦门志》就赞誉日光岩"楼亭矗立，风景绝佳"。

几修几建成唯一

日光岩寺在历史上几遭大火，经历过屡毁屡建——

乾隆二十五年（1760 年），厦门虎溪岩的僧人瑞琳募建日光岩寺，扩建殿宇、楼亭。其时有石济灼、曾永钧、李瑞怀、林钟岩、林国桢等人建"旭亭"于莲花庵后，石济灼的弟弟、台湾举人石国球为此作了《旭亭记》，赞叹日光岩的旖旎风光："四顾山罗海绕，极目东南第一津，水光接天，洪波浴日，皆为梵刹呈奇。"

侨居厦门的龙溪诗人黄日纪在他的《癸未仲秋同莲士、晋侯、中美泛舟鼓浪屿游日光岩》、《乾隆二十八年九月重至日访瑞球上人留题方丈》两首诗中提及"屋角窗窥凌海席，寺前门对隔江楼"诗句，此时莲花庵已改称"寺"，寺中有"方丈"，瑞球上人即为岩寺住持。乾隆四十五年（1780年）正月，兴泉永道道尹俞成过日光岩访住持，也曾作名为《正月过日光岩，访瑞球长老题壁》和《日光岩观海》两首诗，题刻在日光岩崖壁之上。

道光十五年（1835年），日光岩寺因久经风雨，楼亭倾塌，一派荒凉，寓居厦门的长乐人、进士林鍼捐资重修，翻建东西厢房，并于石室前建八角亭。林鍼在日光岩上留下了他的亲笔题刻"鹭江第一"，这四个大字至今仍在石壁上伴着海潮起落。林鍼曾随父亲在鼓浪屿的洋行任职，所以通晓英语，他曾应美国洋行之聘，赴美教授中文，返厦后将自己在美国的游历见闻写成《西海纪游草》一书，此书是中国近代第一部访问西方国家的记游作品。

清同治年间，寺院建起圆明殿、祀弥勒，并在庙前建一八角亭，上挂"日光寺"匾。

光绪初年（1875—1885年），曾重修过厦门妙释寺的僧人六湛住持日光岩，也曾对寺宇进行重修。六湛的弟子清智继任日光岩寺主持后，在民国15年（1926年）也募资全面翻修日光岩寺，在西厢翻建大雄殿，供奉三世尊佛；并在东厢建僧舍楼房。

民国25年（1936年），高僧弘一法师曾在日光岩寺的东厢寮房闭关，并为楼房题匾，名为"日光别院"。此后，主持清智也入禅房闭关。

上世纪30年代末，东厢僧舍失火，西厢侧殿屋宇倾危，广大善信集资将其改建为"念佛堂"。

1961年，日光岩寺东厢佛殿失火烧毁，已经旅居菲律宾的善契汇回巨款，并委任正果法师于1964年重建了弥陀殿、藏经楼和斋堂。

"文化大革命"中，日光岩寺被鼓浪屿区电容厂所占用，殿宇、佛像、法器多被破坏。

1983年，日光岩寺重归佛门。1985年8月，日光岩寺经维修整合后重新开放。

得到政府的扶持以及接受海内外十方信善的捐赠，日光岩寺再度重修，由李明利居士负责复建工程。1991 年，日光岩寺三宝殿修建落成。1992 年 11 月 21 日，日光岩寺举办大雄宝殿落成暨佛像开光庆典。1999 年 10 月 15 日，日光岩寺新建山门、钟鼓楼、客堂、寮房等举行落成开光典礼。

日光岩寺虽小，却不失精巧，真算得上是"麻雀虽小，五脏俱全"。如今的日光岩寺用地面积 2858 平方米，建筑面积 2325 平方米，建有三开间、歇山顶的圆通宝殿，供奉观音立像；左右分别是三开间二进深的弥陀殿和大雄宝殿——寺院的大雄宝殿和弥勒殿对合而设，这在中国目前是唯一的一处。另建有弘一大师纪念室，即当年他闭关的日光别院遗址。大雄、弥陀两殿之前有中国传统建筑式样重檐庑殿顶、大红柱子、绿色琉璃瓦的鼓楼和钟楼。另有地藏殿、伽蓝殿、藏经阁，法堂、客堂、斋堂、僧舍也一应俱全。

日光岩寺历代高僧驻锡，举办过不少佛事盛会：如 1942 年的念佛会；1946 年日光岩寺院主持善契启建的万佛大法会。

一直到上世纪 40 年代初，日光岩寺有僧伽 6 人。据《厦门佛教志》载："1958 年，厦门出家二众佛教徒实行并寺集居，僧伽集住南普陀寺，菜姑合居日光岩寺。"1983 年，日光岩重归佛门后，由云门宗后嗣、菜姑谢黎华主持，寺里住有女众 5 人。

惊鸿一瞥瑞晄庵

三丘田海边最初也是鼓浪屿居民聚居之地，建有瑞晄庵，佛寺巍峨壮观，属于临济宗，在清代周凯所著的《厦门志》里也记载了这个现在已经消失的庙宇："屿之西有瑞晄庵，与水仙宫隔水相对；俗呼三邱田（又名三和宫。今改法海院，颇壮丽。庵后石壁有王得禄题记）。"民国的《厦门志》则载："北有瑞晄庵，与厦门水仙宫隔水相对，俗呼三丘田（庵一名三和宫，又改法海院）。

庵今废。石壁有王得禄题记。"说明到了民国时期，曾经颇为壮丽的、几经改名的瑞晄庵已难寻踪影。

瑞晄庵最早供奉的是天后娘娘。民国《厦门志》云："三和宫在鼓浪屿三丘田。祀天后。"大约在清乾隆年间（1763 年），厦门虎溪禅寺住持石龙和尚的次徒瑞晄法师，分灯到鼓浪屿三丘田妈祖宫为住持，他扩建了旧的妈祖宫，并改称为"瑞晄庵"。后来，又经瑞晄法师的徒裔们相继扩建发展，瑞晄庵成为了鼓浪屿上又一座巍峨壮观的佛寺。清乾隆年间的厦门名士黄日纪称该庵："近经释子极力开拓，琳宫梵宇、金碧辉煌，前殿祀天妃神像，殿后（供奉三宝佛像）高楼插汉，两旁禅室环抱，楼后园林甚宽，竹树花木缭绕周遭，登高阜以望鹭岛，海滨一带楼阁参差，延袤数里，海面浮光，舳舻如织，亦一巨观。"足见当时的瑞晄庵已具相当规模，不仅是宗教禅林，还是一个游览风光的好去处。

1766 年《鹭江志》附有一张手绘的"鼓浪洞天"图，图中清晰可见鼓浪屿上有两座寺庙，除了画面中央的日光岩寺，右侧濒海还有一座寺庙，主殿高大气派，一旁还有一层建筑，后有弧形围墙，墙内外树木蓊郁。那正是黄日纪所描述的风光一时的瑞晄庵。

据考证，昔年的瑞晄庵占地面积颇广，范围包括鼓浪屿后编门牌三明路 47 号，鼓新路 42 号、45 号、47 号、49 号、51 号、53 号、55 号和 57 号（即曾经的鼓浪屿胶木电器厂，黄奕住住宅，725 研究所的招待所、职工宿舍，鼓浪屿消防中队大楼，原汇丰银行行长别墅等）。

瑞晄庵后来凋敝倾颓，被清嘉庆年间的福建水师提督王得禄重修后改名为"三和宫"，重新祀奉妈祖娘娘。清道光初年，王得禄去任，三和宫的住僧恢复了在主殿供佛，并改"三和宫"为"法海院"。但具体改名时间已不可考，据清《厦门志》的记录，改名时间应该在道光十九年（1839 年）《厦门志》成书前。

法海院大约废于清末民初，具体原因亦已不可考。曾经繁盛一时的瑞晄庵在鼓浪屿这座小岛的历史沧桑中也化为了烟云，甚至连遗迹也不复寻，后人只能凭借黄日纪的寥寥句子去想像它曾经的壮丽之姿了。

弘一留踪鼓浪屿

不解之缘结闽南

弘一，这个被中国现代佛教界奉为重兴八百年绝学南山律宗的第 11 代祖师的佛学大师，与闽南有着不解之缘：在他 24 年的佛门生涯中，有 14 年的光阴是在闽南度过的，他在厦门以及鼓浪屿都留下了许多可以追寻的足迹。

1928 年冬天，弘一大师第一次来到闽南，结识了南普陀寺的性愿、芝峰、大醒、寄尘等法师。1929 年 10 月，为了帮助闽南佛学院整顿僧伽教育，弘一大师二度来到厦门。

1932 年农历八月初，弘一大师回到了浙江上虞的法界寺。不久，他突患"伤寒夹痢疾"之重病，这场大病使弘一觉得浙江寒冷的冬季已不再适合于自己老病之躯，他应广洽法师的邀请，取道上海，第三次来到厦门。这一次，弘一大师先居于妙释寺，后移居万石莲寺。

从此，弘一大师一直居留于闽南，在各地寺院里弘法著书。他喜欢闽南的气候，以至于 1933 年，他的弟子蔡冠洛邀他返浙，他在写给蔡的回信中说："闽南冬暖夏凉，颇适老病之躯。"

闭关静修日光岩

1935 年 11 月，56 岁的弘一大师在惠安乡间宏法期间染病，12 月他回到泉州草庵寺养病。原本他接受了性愿法师的邀请，次月要赴泉州承天寺参加法会。岂知一回到草庵，他便因感染潮湿而突然并发内外症，后来手足溃烂，发起高烧。这是弘一大师一生中的第二次大病，他以为自己将不久于人世，遂计划自己的身后事，甚至立好了遗嘱交由侍者传贯法师执行。

1936 年 2 月 16 日，弘一大师在广洽法师的劝请下，移居厦门南普陀寺养病。他抱病参加了佛教养正院举行的开学仪式，对大家关心他的病情表示了感谢，并告知众人他即将前往鼓浪屿闭关。弘一大师经蔡吉堂居士介绍，向著名医生黄丙丁博士求治臂疮、足疗。黄丙丁连续使用医药、电疗、注射等方法为弘一大师治疗数月，这场病折磨了大师 6 个月，一直到至 5 月初方愈。黄丙丁钦敬弘一大师的为人，因此拒收医药费"五六百金"，弘一大师于是手书《心经》一卷及数件字幅赠谢于他。

1936 年 5 月，弘一大师移居鼓浪屿日光岩闭关静修。这是弘一大师第一次来到日光岩寺。可惜的是，弘一大师这趟日光岩之行并不愉快，原本他准备在此闭关 3 年。一到了日光岩，他才发现环境太过吵闹，但此行已无法更改，他淡淡地对同去的高文显说了一句："木已成舟。"过几天，高文显再去探望他，弘一大师向他倾诉自己的烦恼：下面厨房的工友，很晚还在谈话，使他不能入睡；早上厨子炒菜以及洗涤的声音，吵得使人心烦，他用棉花塞住两耳，还是没有办法。岩寺隔壁的烟囱常常冒出浓烟，正对着他卧室后面，使他备受烟熏之苦，因此就是白天也不能好好地看书写文。

即使日光岩寺的环境如此嘈杂吵闹，弘一大师闭关于此的日子还是著述颇丰。他在日光岩完成了《道宣律师年谱》及《修学的遗事》。1936 年 6 月，他应上海佛学书局之约，在大量佛学书籍中选了唐朝怀信所著的《释门自镜录》、宋代道诚所辑的《释氏要览》、宋代灵芝所著的《释氏蒙求》等加以校点，编辑成《佛学丛刊》第一辑并作序，交由世界书局的蔡因居士设计出版。

同年 8 月，弘一大师校录《东瀛四分律行事钞资持记通释》完毕。这个月，他作词、他出家前在浙江省立第一师范学校教书时的得意门生刘质平等作曲、夏丏尊作序的《清凉歌集》由上海开明书店出版发行。因为词义较为深奥，弘一大师特请芝峰大师作如白话翻译的《清凉歌集达旨》，附于正文之后，便于读者阅读。

这一年夏天，永春县有个叫"李芳远"的12岁男孩随父亲李汉青到日光岩寺拜谒弘一大师，还赠以弘一鲜花，十分虔诚。李芳远少年早慧，诗书俱佳，深得弘一大师喜爱，二人遂成"忘年交"，自此建立了深厚情谊。李芳远在弘一大师圆寂后，陆续编了《晚晴山房书简》等书，以纪念弘一大师。

1936年12月30日，郁达夫来厦门。隔天他在厦门《星光日报》记者赵家欣和南普陀广洽法师的陪同下，渡海到鼓浪屿日光岩拜访弘一大师。

郁达夫对弘一大师仰慕已久，他在《记广洽法师》一文中说："现在中国的法师，严守戒律，注意于'行'，就是注意于'律'的和尚，从我所认识的许多出家人中间算起来，总要推弘一大师为第一。"但弘一大师对"郁达夫"这个名字却很生疏，因为郁达夫以写小说蜚声文坛时，弘一大师已出家数年，脱离凡尘了。因此两人也未有深谈。临别的时候，弘一大师赠了《佛法导论》、《寒笳集》《印光大师文钞》等佛书给郁达夫。后来，郁达夫为此行写诗一首，诗前引言："丁丑春日，偕广洽法帅等访高僧弘一于日光岩下，蒙赠以《佛法导论》诸书，归福州后续成长句即寄。"

> 不似西泠遇骆丞，南来有意访高僧。
> 远公说法无多语，六祖传真只一灯。
> 学士清贫弹别调，道宗宏议薄飞升。
> 中年亦具逃禅意，两道何周割未能。

据赵家欣后来分析，郁达夫诗前引言的"丁丑春日"应该是笔误，郁达夫去见弘一大师正是1936年的最后一天，而不是次年的"丁丑春日"。此外诗中最后一句"两道"疑是"莫道"之笔误，否则诗意似难领悟。

居住在鼓浪屿的厦门文史专家何丙仲曾撰文回忆他先祖与弘一大师的交往。文中提到他读到郑逸梅所著的《艺林散叶》里写过郁达夫与弘一大师的这次会面："郁达夫旅闽时，曾访弘一法师，弘一赠以著作数种。及别，弘一谓郁云：'你与佛无缘，还是做你愿做的事吧！'"这大概是他诗中所言的"中年亦具逃禅意，两道何周割未能"的由来吧。

后来广洽法师也写有文章回忆此次见面："我曾陪文学家郁达夫先生到鼓浪屿日光岩看望他，留下了郁氏那首《赠弘一法师》的有名诗作。"从弘一大师的一些书信中可得知，大师和郁达夫在此后还有交往。

这是弘一大师自初到闽南算起在闽南居住的第10个年头，隔年3月28日他在南普陀作题为《南闽十年的梦影》的讲演，总结了自己在闽十年的弘法经历。

1937年1月18日，弘一大师从日光岩寺移居南普陀山后室。返回厦门南普陀。临别前，他手书《佛说无量寿经》，留赠日光岩的清智长老。

二渡鼓岛讲经典

弘一大师第二次到鼓浪屿是在1938年春天。是年3月，鼓浪屿了闲别墅主人林寄凡居士听说弘一法师在泉州开元寺宣讲《心经》，深受听众赞叹，因此请漳州的严笑棠居士于4月20日请弘一大师来了闲别墅宣法。大师于4月22日在严笑棠的陪同下宿于日光岩寺，稍事休息后在4月26日到了闲别墅观音道场升座讲经。连着三日，弘一大师以《心经》为蓝本，讲解了佛法精髓，鼓浪屿众多居士和佛教僧众前来听大师讲经。

在讲经期间，日军舰队进逼厦门，形势紧张。倘若不是战乱，弘一大师和鼓浪屿还会有第三次、第四次的缘分。

1937年"七七卢沟桥事变"后，日军大举侵华，厦门的形势紧张。当时弘一大师从青岛湛山寺讲律回到厦门，住在太平岩。日机对厦门狂轰滥炸，很多人都劝他离岛去鼓浪屿公共租界稍避烽火，他却坚决不肯，说："为护法故，不怕炮弹！"又题写自己的卧室曰："殉教堂。"他在给夏丏尊等人的信说："厦门近日情况，仁者当已知之。他方有劝余迁居避难者，皆已辞谢，决定居住厦门为诸寺院护法，共其存亡。"他还在回复蔡冠洛的信中以古诗"莫嫌老圃秋容淡，犹有黄花晚节香"表明心迹。

1941年初，在性愿法师的提议推荐下，菲律宾中华佛学会向弘一大师发来邀请书，礼请弘一大师赴菲律宾弘法，推行"佛化教育"。弘一大师本已准备受请南下，并委托传贯法师去泉州办妥出国签证，他拟移居厦门鼓浪屿日光岩，再行择定去菲律宾的行期。但未等弘一大师动身移居鼓浪屿，抗日战争日趋激烈，弘一大师接受传贯法师的劝阻，留居在晋江福林寺。他在后来给友人的书信中谈及此事，"乡应传贯法师劝，往菲延期，遂免于难。否则囚居鼓浪矣！"

何丙仲的回忆文章里，还提到当年他先祖告诉过他的一件事："先祖父晚年回忆他有一次到日光岩寺拜访弘一法师，天适大雨，弘公举自己的雨伞送他们出门，不料一打开才发现这把伞已破得百孔千疮，而且翩然掉下许多蟑螂，弘公轻声念佛，很慈悲地看着这些蟑螂在地上东躲西藏。过几天在众居士劝解下，弘公最后才肯换下这把旧伞。"

弘一大师在日光岩上留下一张手拿折扇的照片，相片中的他形容清癯，面带微笑……如今，日光岩上他当年闭关的日光别院已经建成了纪念室，那曾令他不能安寝的小木屋已不存。据说当年这里可以远眺鹭江，风景绝佳。

佛教行迹遍鼓岛

除了弘一大师外，还有许多高僧、居士都在鼓浪屿上留下了他们的身影。

著名高僧圆瑛大师曾两次到鼓浪屿讲经。1929年2月，52岁的圆瑛大师第一次踏上鼓岛，来到鼓浪屿。

1930年5月，圆瑛大师受了闲别墅的邀请，再次来到鼓浪屿，到了闲别墅讲《金刚经》。

另一位高僧太虚大师到鼓浪屿讲经不在寺庙道场，而是学校。民国20年（1931年）4月23日，43岁的太虚大师应鼓浪屿武荣中学校长陈存瑶的邀请，到武荣中学讲"释迦牟尼的教育"。后来又到中华中学作名为"亚欧美佛教之鸟瞰"的演讲。

祖籍南安的善契法师，民国9年（1920年），时年21岁到鼓浪屿日光岩寺从清智和尚落发为僧。民国13年（1924年）他赴浙江天童寺依圆瑛法师受具足戒，后至江浙诸名刹参访求法。民国20年（1931年）回厦门住持妙释寺，募建念佛堂。民国35年（1946年），应聘赴菲律宾马尼拉信愿寺为监院。1932年10月，弘一大师第三度到闽南后曾在妙释寺小住，善契因此亲近弘一大师。善契在妙释寺每周住持念佛法会，参加者数百人，弘一大师曾在法会中讲"改过实验谈"。

抗日战争期间，善契避居日光岩寺任主持，在岛上创办了临时难民避难所，并施医赠药。

1962年，身处菲律宾的他得知日光岩寺遇大火，汇回巨款重修日光岩寺，扩建了佛殿、藏经阁和一座三层楼房。

善契还委托妙释寺创办妙光小学，优待贫苦子弟免费就读。

厚学法师，籍贯同安新店，18岁时出家鼓浪屿日光岩为沙弥，拜善契为师，28岁方到同安梵天寺。厚学法师任福建省佛教协会常务理事、厦门市佛教协会副会长、厦门市政协委员等，是厦门佛教界德高望重的高僧，同安梵天寺原住持，台湾著名佛教导师印顺法师的徒弟，也是被尊为汉传佛教佛学大论师的近代云门派另一传人释清念的弟子。

在台湾苗栗创建著名的法云寺的觉力法师是鼓浪屿人，15 岁时他在福州鼓山涌泉寺依万善法师披剃，不久得戒于鼓山本忠大和尚，是曹洞宗派"耀古复腾会"的"复"字辈，洞山良价传鼓山第四十三世后裔。觉力曾随涌泉寺监院本忠学习戒律 6 年，并曾一度担任鼓山涌泉寺首座，在丛林中有极高的威望。宣统元年（1909 年）赴台湾驻锡凌云寺，后一度回鼓山。民国 2 年（1913年）受请再次赴台，创建法云寺。

闽南著名佛教学者周子秀居士，泉州人，曾担任太虚大师所组织筹办、初设于厦门太平岩寺、后迁址泉州百源寺的觉华佛学苑的老师。觉华佛学苑专为女众而设，其培养的人才在现代闽南与菲律宾佛教界占有一定的地位。其学生就有后任鼓浪屿日光岩寺的住持黎华姑。周子秀还是泉州古琴名师，曾到鼓浪屿菽庄花园当琴师，也曾经是厦门大学琴法教授。据史载，民国初年，他还曾应邀赴菲律宾传授七弦古琴演奏技艺。

厦门名医陈焕章，精通青草药和中医外科，早年在家为佛教徒。民国 23 年（1934 年），他被推举为同安县佛教会理事。他曾积极募资修复同安梵天寺，行医中遇到家贫的患者，不但免费施诊，还出钱贴其购买木炭煎药。民国 20 年到 27 年（1931—1938年），陈焕章得到香港商人郭大川资助，在鼓浪屿黄家渡难民所与日光岩寺施诊赠药，受惠者甚多。当时的名士李禧为他题赠"活人无数、誉声载道"八个字。

附：本章参考资料

1. 《厦门佛教志》，厦门市佛教协会主编，厦门大学出版社，2006年5月第一版

2. 《厦门市佛教居士和居士林》，郑梦星著，鹭江出版社，1999年10月版

3. 《日光岩寺史略》，作者：陈全忠，刊于《鼓浪屿文史资料》第二辑第156至157页，鼓浪屿政协委员会编，1997年3月版

4. 《嘉禾名胜记　鹭江名胜诗钞校注》，厦门大学出版社，2005年7月版

5. 《厦门市志（民国）》，厦门地方志编纂委员会办公室整理，方志出版社，1999年5月版

6. 《厦门志》（清周凯），鹭江出版社，1996年3月版

7. 《送别我在西湖出家的经过》，李叔同著，复旦大学出版社，2006年8月版

8. 《弘一法师年谱》，林子青著，宗教文化出版社，1995年版

9. 《弘一法师书信》，三联书店，1990年6月版

10. 《李叔同身边的文化名人》，陈星著，中华书局，2008年2月版

11. 《鼓浪屿建筑丛谈》，龚洁著，鹭江出版社，1997年12月版

第三章

天主教和基督教

天主教的传入与传播

基督教有广义和狭义之分，广义的基督教包括天主教和基督新教，因为天主教在 1517 年以前被称为"基督教"，即国际上所称的"基督宗教"。但在中国习惯上沿用狭义的说法，即基督教指的是 1517 年，马丁·路德从罗马天主教分离出来为标志的、欧洲宗教改革后形成的基督教派，人们称之为基督新教、新教或福音教。

本章的天主教和基督教的区分也依此惯例。

鸦片战争前之传播

天主教传入中国是在唐朝，当时其教派——聂斯脱利派（景教）曾在中国一度流行；1289 年，受罗马教皇尼古拉四世派遣的天主教方济各会神父、意大利人孟高维诺抵达泉州，后到元大都（今北京），受到元成宗铁穆尔的欢迎，获准在大都自由传教。1313 年，方济各会修士日辣多被任命为泉州教区第一任主教，天主教在中国建立了大都和泉州两个主教区，泉州成为中国南方的天主教中心。但到了元末明初，天主教在中国逐渐衰微。这种情形一直持续到了明万历十年（公元 1582 年），意大利耶稣会传教士利玛窦（Matteo Ricci）来中国传教。

1613 年，意大利耶稣会传教士艾儒略（Giulio Aleni）继利玛窦之后来到中国，他得到福清籍大学士叶向高的支持，自 1625 年开始在福州传教。1641 年至 1648 年间，艾儒略任耶稣会中国南部教区副主教，管理南京、江西、湖南、四川、浙江、福建教务。艾儒略在福建传教 25 年，足迹遍及许多地方，他共建了 22 座大教堂和不计其数的小教堂，受他洗礼的教徒达万余人。艾儒略不仅是个神学家，也是个精通数学、天文学和地理学的学者，是利玛窦之后最精通中国文化的耶稣会士，最重要的天主教来华传教士之一。在中国传教期间，艾儒略出版了 22 种著作，涉及天文历法、地理、数学、神学、哲学、医学等诸多方面，在西学东渐过程中起到关键作用，他被尊称为"西来孔子"。厦门的文人黄文焰、池直夫都写诗赞美过这位"西来孔子"，可见其影响之人。

天主教传入厦门与明代后期的海商贸易不无关系，葡萄牙人、西班牙人的相继东航，带来了天主教。1575 年，天主教奥斯定会马六甲主教马丁·德·拉达和教士加罗氏·马丁由马尼拉取道厦门到福州，同年又取道厦门返回马尼拉，这是首批踏上厦门土地的天主教外国传教士。

1654 年，马尼拉多明我会宣教士、意大利人利畸到厦门宣教。当时的厦门已是郑成功的抗清基地，而郑成功的父亲郑芝龙在 18 岁时（公元 1622 年）就在澳门受洗加入天主教，教名"Nicolas"，并在闽南建教堂传教。郑成功对利畸礼遇有加，聘他为顾问，传授天文和航海知识，并准许他在其辖区内自由宣教。当时厦门没有教堂，多明我会租用了厦门港郑氏祠堂附近的房子作为弥撒场所，因信徒增加，就在曾厝垵建了"圣母厅"，后再移至厦港碧山岩下的金新河街。

1655 年，出生于福建福安的罗文藻在马尼拉被按立为神父，他回国后偕同多明我会教士利畸、郭洛那多、罗特里等在厦门沿海一带传教。其时因为郑成功抗清，闽浙沿海战火纷飞，传教工作也十分艰难。

1683 年，清政府开放厦门海禁后，天主教的外国传教士大部分经厦门转往福建各地传教。

1720 年，清朝发布禁教令，严禁外国传教士到中国传教，虽然其间有教士在民间宣教，但一直到鸦片战争后，天主教才再度名正言顺地来到厦门。

鸦片战争后之传播

第一次鸦片战争后，多明我会传教士林方济到鼓浪屿宣教，他是鸦片战争后最早进入厦门的天主教宣教士。接着，天主教仁爱会的宣教士也来到厦门。当时曾厝垵教堂已被毁，传教士便在厦门今镇邦路租赁民房作为临时教堂和住所。

1859 年，福建代牧区主教高居龙派意大利籍的梁神父前来厦门主持兴建教堂，在今开禾路和典宝路头（码头）一带雇工填海滩造地，兴建教堂和附属房屋。梁神父以每天一个大银元的工钱到港尾招募民工。厦门天主堂于 1860 年建成（今编厦门市区磁安路 15 号）。1877 年，又在教堂旁建了神父楼和收养中国孤儿的仁慈堂。当年，厦门天主堂在修建时曾与厦门人陈裕尚发生地皮纠纷，但因教会势力强大，陈氏无奈让步。1950 年，经政府调查确定土地产权归陈氏所有，但楼为教会所盖，因此由教会折价向陈氏买下土地。

厦门的教堂建成后，福建代牧区主教派副主教意大利人李马素到厦门，管理福建南部教务。李马素聘请了香港仁爱会的意大利修女管理仁慈堂。1883 年，原属福州教区管理的厦门成立了南代牧区，福建代牧区从此分为南、北两个代牧区，南代牧区管理漳州、泉州、台湾 3 府和龙岩、永春两州等 26 县的教务，厦门天主堂成为福建南代牧区的主教座堂。

1890 年，罗马教廷划福建天主教会为西班牙多明我会的传教区，原福建教区助理主教、意大利人李玛素和管理厦门仁慈堂的意大利修女返回意大利和香港。厦门仁慈堂由西班牙多明我会修女接管。

自福建南代牧区成立后，西班牙多明我会在厦门的历任外籍主教有六位：

首任主教为西班牙人杨德肋，在任时间是 1884—1892 年；

第二任主教潘神父，1895 年到任 7 天后就死了；

第三任主教周神父，在任时间是 1895—1896 年；

第四任主教黎城辉，在任时间是 1899—1915 年；

第五任主教马守仁，在任时间是 1916—1947 年；

第六任主教茅中砥，在任时间是 1948—1953 年。

1913 年，台湾从闽南教区划出，成立监牧区；同时，闽北教区的兴化府（莆田和仙游两县）划归南代牧区。后来又取消南、北之分，改以主教驻地为教区名，称厦门教区。1916 年，马守仁任厦门教区主教后，用鼓浪屿田尾

当年的主教楼如今的模样

路一座多明我会会所的楼房与法国领事馆交换，把教会迁至鼓浪屿鹿礁路（现编 34 号），他把原领事馆改为主教楼，并于 1917 年在楼侧的空地上新建一座教堂作为主教座堂，这座天主堂是哥特式单钟楼教堂，外观雄伟华丽，是厦门地区仅存的一座哥特式天主教堂。

1946 年，梵蒂冈宣布中国教会实行圣统制，厦门教区从代牧区改为正权主教区，首任正权主教仍为多明我会西班牙传教士马守仁。1947 年 1 月，马守仁在鼓浪屿天主堂病逝，教廷委派多明我会西班牙籍传教士茅中砥为主教，中国籍传教士黄子玉被任命为教区副主教。

1952 年 10 月，厦门的天主教徒成立"厦门市天主教反帝学习会"。1953 年 9 月 5 日，黄子玉被选举为厦门教区代理主教，管理教区事务。

1954 年 6 月 29 日，天主教厦门最后一个外国传教士、厦门天

老照片中的天主堂

天主堂的内饰

主堂本堂、多明我会会长雅怀德申请回国，黄子玉代主教任命杨向荣为鼓浪屿天主堂本堂，郑世光为厦门天主堂本堂，结束了外国传教士控制厦门教会的历史。

1985 年黄子玉被选为厦门教区正权主教，1986 年 11 月 30 日在北京祝圣，同年 12 月 7 日在鼓浪屿天主堂举行了就职典礼。

基督教的传入与传播

基督教在鼓浪屿的历史始于鸦片战争后，它是租界时期鼓浪屿最大的教派势力。美国归正教会牧师雅裨理（David Abeel）在鸦片战争前就预备来厦门传教，但因鸦片战争而延后。在厦门成为根据 1842 年 8 月 29 日的南京条约首批开放的口岸之一后，鼓浪屿就成了基督教传教士的大本营，同属基督教的美国归正教会，伦敦差会，大英长老会，美国安息日会，基督教青年会、女青年会先后踏足厦门的领地，他们初期在厦门和鼓浪屿之间活动，渐渐地，便一路沿着九龙江，一路由同安、安海向泉州一带扩展，"（1911 年）这些差会设置了 9 个中心，即永春、惠安、泉州、同安、漳州、厦门、漳浦、小溪和汀州。"

基督教在鼓浪屿的活动有时代阶段性，它把鼓浪屿当作往南发展的基地亦有过程：最早鼓浪屿的教堂即救世医院内的国际教堂是洋人的教堂，并没有华人信徒。清末民初，兴起了平民教育运动，广大妇女迫切要求识字，特别是因为信教而从外地迁来鼓浪屿的妇女，教会于是通过白话字实行对妇女的教育，兴办妇学，依靠妇女传教，从而扩张势力，教会才借势发展起来。而教会的进一步活动则是通过青年会举办的普遍性社会活动来实现传教。

基督教进入鼓浪屿后，到抗战时教会已逐渐为上层社会所掌握，制度也僵化不活泼，已不能适应最基层、最穷苦的群众需要，此时小群教会就依时而生，这是因为战争中苦难的人民需要宗教的慰藉，而大教会的门槛很高，他们要去向"主的怀抱"就乐于参加小群教会。

近代基督教入闽

1842 年 2 月，美国归正教会牧师雅裨理（David Abeel）、美国圣公会的文惠廉牧师（Rev．Boone）夫妇搭乘英国军舰抵达鼓浪屿，他们因此成为近代基督教传入福建的先驱，而厦门也成为继广州之后，基督教在中国进入的第二个城市。

美国归正教会（Reformed Church in America）是移居美国的荷兰侨民的教会，俗称"荷兰教会"。雅裨理早在 1842 年前就受美国归正教会派遣来到中国，他先在广州与裨治文、马礼逊两个牧师一起工作。雅裨理懂得中文，他曾经在东南亚的闽南籍华侨居住地学会了闽南话，所以当 1844 年 1 月，时任清朝福建布政使的徐继畬在厦门兼办通商事务，会晤英国第一任驻厦门领事纪里布时，雅裨理便担任他们的翻译。他还向徐继畬讲述了世界各国的历史地理概况，这些后来都被徐继畬写进了《瀛环志略》一书中。

雅裨理最初只能在鼓浪屿海边租民房布道和居住，

雅裨理最初在鼓浪屿的住所是民房

57

但孤身作战的他很快就有了伙伴，他多次鼓动他的伙伴们来鼓浪屿。1844年6月，自1839年起就在东南亚向华人传教的罗啻牧师夫妇（Rev. Elihu and Eleanor Doty）、波罗满牧师夫妇（Rev. William and Theodosia Pohlman）及其家眷也踏上鼓浪屿。

刚开始的时候，波罗满和罗啻全家都被安排在鼓浪屿居住，但在1845年，因英军撤出鼓浪屿，他们即转至厦门继续传教，住到了厦门城比较舒适的地方。他们的居所是一间改造过后的商店，罗啻一家住楼下，波罗满一家住楼上。礼拜照旧在雅裨理租来的几个房间里举行，"但有时听众多达200个人，不久就感到有必要再租一座大一点的房子来适应不断增加的听众了"。

"三公会"划分势力范围

1843年11月2日，厦门正式开埠，英军舰长纪里布（Henry Gribble）成为首任英国驻厦门领事，几个月以后，由阿礼国接任。前期到达鼓浪屿的传教士和领事都得到了以武力占据该岛的英军的接应。

1844年7月，继美国归正教之后，英国伦敦差会派遣的传教士施约翰（John Stronach）和杨威廉牧师（William Young）来到了鼓浪屿。伦敦差会（London Missionary Society，缩写LMS）成立于1795年，总部设在伦敦，属英国独立派教会之国外布道会，传教士不分宗派、不传宗派特点，而注重传播各主要宗派共同承认的基督教基本教义。杨威廉和施约翰，以及1846年来到的施约翰的兄弟施亚力山大（Alexander Stronach）都曾在东南亚传教，已学会了闽南方言。

1850年，来的是大英长老会（English Presbyterian Mission，缩写EPM）。大英长老会16世纪产生于苏格兰，属加尔文宗，其海外布道机构称"Church of Scotland Foreign Mission Committee"（英长老宗苏格兰福音会）。长老会在厦门的第一个

中国的第一所基督教堂——新街礼拜堂（19世纪50年代）

传教士是用雅各医生，他在厦门设医院开学校，并首次将《创世纪》译成厦门方言。次年，第一个来中国的长老会传教士宾为霖也来到厦门，宾为霖精通中文和地方方言，曾将《天路历程》译成汉文。1855年，仁信及杜嘉德分别来到鼓浪屿。

这是基督教在厦门的萌芽时期。1855年，鼓浪屿已经有英美传教士7名，各教会借由鼓浪屿已为列强染指的天时地利人和，先向一水之隔的厦门发展势力。1849年2月11日，基督教在中国的第一所基督教堂——新街礼拜堂中华第一圣堂（位于今日厦门中山路附近台光街）建成，并举行献堂典礼。接着，竹树脚礼拜堂于1859年建成了一座正式的教堂，归正教会的打马字牧师（John van Nest Talmage）开始在这里布道。

1842年至1848年间，美国圣公会和美国长老会也在鼓浪屿宣教布道。与雅裨理一起踏上鼓浪屿的美国圣公会文惠廉（Rev. Boone）牧师夫妇两年后转到上海。美国长老会的代表是布恩牧师（T.L.McBride），他从 1842 年 6 月至 12 月，只在鼓浪屿逗留了短暂的 6 个月。长老会前后来到的传教士还有合文医生（Hepburn，1843—1845 年）、卢一牧师（John Lloyd，1844—1848 年）和布鲁文牧师（H.A.Brown，1845—1847 年）。因为传教成绩不理想，又无后继者，美国长老会便放弃了鼓浪屿，而转移向北方和南方发展。

美国归正教会、伦敦差会、大英长老会联合成立了英美"三公会"，开始既分工又合作地在闽南大地扩张基督教的势力范围。1860 年后的鼓浪屿，归正教会的传教士比较集中居于升旗山下；大英长老会居于今二中、汇丰山一带；而伦敦差会则在今西林对面的鸡山一带。三公会先以鼓浪屿为落脚点，再到厦门建教堂，办识字班、医疗诊所。大英长老会传教士刚刚抵达厦门时，先与归正教会和伦敦差会合作，不另设教堂。归正教会在厦门卖鸡巷有小礼拜堂，每个星期天举行两场礼拜；伦敦差会的则在草埔尾，另外还有一个教堂是一个医务所的一部分，星期天早上有医生做一场讲道。

英美三公会于 1863 年在鼓浪屿的鹿耳礁建起了一座鼓浪屿最早的教堂——国际礼拜堂（现在第一医院鼓浪屿风景区分院内，后改名为协和礼拜堂），提供给来鼓浪屿工作的外籍基督教人士作基督教专用英语礼拜所用，后来懂英语的中国教徒也被吸纳其中。

1860 年第二次鸦片战争后，外国人多聚居在鼓浪屿，各个教会的活动中心经厦门再转回鼓浪屿，并以鼓浪屿为中心向闽南各地扩散。第二次鸦片战争也成为各教派划分势力为定局的分水岭。英美三公会违反和清政府的条约规定，开始向九龙江流域活动，他们各自分工，划区传教，向闽南各地发展，一旦教徒满十人左右即组成一个小教会。1864 年，三公会的划区具体为：以厦门与附属的禾山和同安以及漳州的西溪一带，为归正教会负责；

以漳辖南溪一带及安海以北诸地，归伦敦差会和大英长老会负责。

基督教往漳州的渗透首先在离厦门只有约 20 英里外的漳州白水营打开缺口，先是归正教的传教士去到那里，但大英长老会的宾为霖牧师把他日常牧师职责和财政方面的工作交给归正教会处理，自己则时常住在白水营讲道。白水营开始有人受洗，1854 年 5 月 17 日，一个由五位成员组成的教会在白水营正式成立。然后，石码在 1855 年 1 月有了第一次施洗仪式。1859 年，石码归正教会正式成立，这是归正教在中国建立的第二个教会，教会下还有两个传教分站。1860 年夏末，厦门的新街堂和竹树堂成为两个独立的教会，各有其教会长老议会和执事。这样，在中国的归正教会就增加到 3 个。传教工作还慢慢往一些村镇延伸，最终到了云霄、诏安、漳浦。19 世纪结束时，归正教会在闽南地区建立了 11 个教会，拥有近 36 个传教分站。

1856 年，大英长老会的杜嘉德到安海传教，这标志着近代基督教传入泉州。1867 年，越约翰牧师到泉州传教，建立堂会。1875 年，大英长老会泉州堂会成立。大英长老会已拥有安海、泉州两个堂会，并有教徒 143 人。此后，大英长老会不断向晋江沿海、南安、安溪、永春、德化发展。

1865 年，基督教伦敦公会从厦门发展到惠安，此为基督教传入惠安之始。1866 年，伦敦差会教士施约翰到惠安县城传教，次年在惠安城隍口购地建教堂。至 1892 年，基督教发展到了惠安全县和洛江区河市、马甲、罗溪一带。

1866 年，基督教会在同安双圳头建造了同安历史上第一座基督教堂，从此信徒大有发展，又接着分设了后河、杜桥、湖井、石浔、竹坝、五显等几处教堂。1870 年，双圳头的美国归正教会派牧师到安溪县龙门、榜头一带传教，并协助筹建讲道堂。

基督教还经由鼓浪屿向台湾扩展。1865 年 6 月，台湾首任基督教宣教师、大英长老会的英国人马雅各博士在厦门杜嘉德牧师和 3 位厦门信徒的帮助下，前往台湾传教。马雅各与厦门长老吴文瑞合作，在台南亭子脚传道，培养出 4 名台湾传道师，他们是台湾本地基督教的传播者之一。

基督教在往闽南各地扩张时，也同样采取办学堂开医院等手段：如 20 世纪初，同安双圳头教堂创办了启悟学校（即今东山小学与启悟中学）和同安医院（即今厦门市第三医院前身）。如 1880 年，杜嘉德创办南安丰州教会学堂；1881 年，大英长老会传教士、医生颜大辟从厦门到泉州传教行医，先设立施医布道处，次年又创办惠世医院，这是西方医疗技术传入泉州的开始。

传教士们一面实行与下层平民百姓的亲善友好，一面却紧紧依靠政治这个强有力的工具，甚至参与鼓浪屿的殖民统治。

1886 年，外国居民在鼓浪屿擅自组织非法让岛上居民纳税的"鼓浪屿道路墓地基金委员会"（Kulangsu Road and Cemetery Fund），其成员里就有伦敦差会的传教士麦高温（J.Macgowan）。

鼓浪屿工部局里，也有许多传教士参政的身影。1903 年到 1941 年间，英国传教士金禧甫、洪显理，美国传教士锡鸿恩等都先后担任过鼓浪屿工部局的董事长、副董事长、董事等，英国传教士麦坚志、美国传教士苑礼文曾担任过工部局秘书。正因如此，各教会才能在鼓浪屿上划分势力范围，占地为己用——比如 1855 年 9 月，美国归正教会的传教士就借口兴建教堂，强占日光岩麓黄家的厝地。而英华书院的主理洪显理为了扩大英华书院的地界，竟以暴力迫迁荔枝宅原来的居民。

中华基督教会的成立

1862 年，大英长老会呈报英国总会批准，正式成立了漳泉大会，这成为基督教在华自立教会的开始。1867 年，大英长老会又成立了"中华基督教会闽南大会泉州区会"，该会简称为"闽南泉州长老会"。

1892年，漳泉大会分为泉属、漳属两大会，分别管理下属各堂会。1915年，泉属大会再分为泉永、厦门两大会。

1918年，中华基督教会成立。1920年1月6日，美国归正教会、英国伦敦差会、大英长老会联合，成立中华基督教闽南联合会，这是基督教组织本土化尝试的开始。1927年10月，上海举行了第一届中华基督教会全国总会。1933年该会于鼓浪屿开了第三届总议会。

与此同时，鼓浪屿的基督教发展也进入了稳定的时期，基督教传播面逐渐拓宽，教徒人数猛增，还有了中国人自己的牧师和教会。不过"三自"也有差会干预，其中控制与反控制之争不断，过程也较长。1928年后，外籍传教士组成的"三公会"影响逐步缩小，基督教闽南大会掌握实权：设立教会、按立牧师、招聘传道、洗礼入教皆由华人自己确定。华人牧师人数渐多，这要归功于"三自"（即华人自治、自养、自传的教会），比如林语堂的父亲就是"三自"培养出来的牧师。鼓浪屿上的福音堂、三一堂等都在这个时期由华人兴建。现位于晃岩路40号的福音堂是当年颇负盛名的教堂。1901年，福音堂由厦门泰山、关隘内两堂联合提倡创建，在鼓浪屿晃岩山麓购地，由华人信徒自筹资金着手开建。1903年，福音堂落成，可容纳千人左右。1926年，福音堂经厦门区会审批为"鼓浪屿堂会"，成为华人自治、自养、自传的教会。鼓浪屿堂会最初立林温人为会正，1927年经信徒票选，陈秋卿为该堂的第一任牧师。

福音堂曾与伦敦差会合办"福民小学"，附设"女子家政研究社"。教会内举办主日学、勉励会、识字运动、布道团、探访团、招待团、唱歌团等。由于信徒增加很快，教堂容纳不下，1930年又在内厝澳树兰花脚的公平路建筑一座石砌讲道堂，作为福音堂的支会。

　　1927 年，因为厦门新街、竹树两个堂会和厦港堂会三堂的一些信徒陆续到鼓浪屿定居，如遇上恶劣气候，三堂的信徒便无法乘船到厦门礼拜，加之两所教堂规模小，也容纳不了这么多的信徒，于是三个堂会的信徒决定在鼓浪屿建立教会。在该教堂未建之前，信徒们的主日崇拜则借用当时毓德女中礼拜堂（现厦门音乐学校）。

　　三个堂会的信徒兴建的教堂位于今安海路 69 号，名为"三一堂"，于 1934 年动工，1945 年方才落成。工期延长的原因也因为著名的华人牧师宋尚节来鼓浪屿开"奋兴会"。每当时局急转时，教会就会开"奋兴会"来坚定教徒的信心。

　　三一堂的经费来源除外国教会帮助外，大部分是会友个人认捐和星期日做礼拜时集体奉献所得。

三一堂今貌

1992 年，三一堂续建牧师楼（现改为办公楼），2000 年又扩建了教堂正门以及附属建筑并围墙栏杆等未了工程。2006 年，三一堂被确定为第六批国家级重点文物保护单位。

三一堂的建造有过小曲折：其土地曾是一片地瓜园，据说 1927 年时，地瓜园主索价 8000 银元。三一堂的屋顶结构由荷兰工程师协助设计，中国人施工。在建造的中途却停了下来，因为原设计的是 300 到 400 人座位的教堂，后来造的却是 1000 人的教堂，屋顶便盖不起来了，只好再另请设计者解决。于是又改用大钢梁做屋架，四周添加重力钢筋水泥柱做支撑，还在屋顶中央建一个八角形钟楼。结果钢架庞大，厦门无法加工，只好到香港定做后海运到鼓浪屿。1936 年中华基督教在这里举行全国查经会时，三一堂的天花板还没有装好。直至 1945 年，教堂才全部完工。

1936 年 12 月 10 日，中华基督教全国第二次查经大会在三一堂举行，大会每日上下午查经各一次，宋尚节担任主讲人。厦门、泉州、惠安的信徒都赶来参加，三一堂内坐满了，只好在教堂外搭建了临时帐篷，但仍容纳不下，最后查经大会移到了英华书院的大操场举行。

华人成立的其他教派

除了中华基督教会外，中国人自己成立的教派有：基督复临安息日会、基督徒聚会处、真耶稣教会等教派。

基督复临安息日会来自美国，1904 年由华侨郑提摩太从国外传到厦门鼓浪屿，1905 年建会，租用鼓浪屿泉州路 81 号的民房设立了福建最早的安息日会布道所，后迁至鼓声路 14 号。最初主持这个差会的是 1905 年 5 月到达厦门的韩谨思牧师（W.C.Hankin）及其夫人。1906 年 3 月，安礼逊牧师（B.L.Anderson）也来到鼓浪屿。1907 年，安息日会在厦门成立教会。1910 年在鼓浪屿成立基督复临安息日会闽南区会，隶属于基督复临安息日会华南联合会。同年，安息日会通过美国领事馆以低价买了公地，在鼓浪屿鸡山路、鼓声路一带陆续建造了几幢楼房，其中之一就是作为讲经传道之用的安献堂。

安献堂的设计师是一位名叫"富司"的惠安建筑师，他就地开山取石平整土地，最后设计出一幢闽南特色的、完全使用花岗岩石砌成的大楼。新教堂落成后，在这里召开了闽南各属友会联谊会，由安礼逊牧师主持新教堂的"奉献典礼"。

安息日会1922年在厦门霞溪路24号创建基督复临安息日会霞溪福音堂。1914年，教会在厦门霞溪路购得一座古祠堂作为聚会所。1930年，又将旧聚会所拆除，于1934年在原址上建成了霞溪礼拜堂。

真耶稣教会成立于1917年，创始人为河北省黄村镇人魏保罗，1918年2月在北京成立真耶稣教会总部。鼓浪屿的真耶稣教

安献堂风貌依旧，但已不是教堂。

会建立于 1922 年，为福州人郭多马、郭美德创建。起初在鼓浪屿内厝澳岭脚黄鼎臣家聚会。黄是富裕商人，把其名下的 3 层红砖大楼作为聚会所。抗日战争后，黄的后人收回大楼，信徒改在家聚会。1945 年，该教派的信徒捐款在鼓浪屿黄家渡建一座木板平屋为聚会所。1959 年，木屋因台风倒塌，聚会活动停止。

基督徒聚会处，也被称为"小群会"，并非教会的组织名称，20 世纪 20 年代发源于福州。小群会带有原教会主义色彩，满足了基层群众的激进与狂热。鼓浪屿基督徒聚会处成立于内厝澳 322 号，信徒 100 多人。后人员增加，1941 年便在四丛松 352 号盖新会所。因人员继续增加，又在福州路 122 号盖 2 幢房屋，称为"黄家渡聚会处"，并在龙头路 77 号及内厝澳 134 号设聚会点。解放后在鼓浪屿黄家渡、厦门思明东路聚会。上世纪 50 年代，黄家渡聚会处由王得恩长老负责，他带领信徒加入三自。1980 年元旦，教会恢复聚会，分别在厦门新街堂、鼓浪屿三一堂和黄家渡 122 号带领信徒聚会。教会在鼓浪屿复兴路旁购得一块地皮，开始建筑教堂，并名为"复兴堂"，1997 年新堂落成。

1950 年后，厦门基督教参与开展全国性的"三自革新"运动，从政治上、经济上彻底与英美国家的宗教机构割断关系，实行"自治、自养、自传"，成立厦门基督教"三自爱国运动委员会"，1981 年成立"基督教协会"，简称为基督教两会，作为管理厦门全市教会的机构。

基督教青年会和女青年会

基督教青年会是基督教中思想革新的潮流，它注重社会服务和文化活动，其中心在美国，但在中国发展迅速。

1910 年 5 月，英国国民代表会议基督教青年会的代表麦坚志（H.S.Mackenzie）前来厦门筹办基督教青年会。1912 年 4 月，厦门市基督教青年会正式成立，以"非以役人，乃役于人"为会训，会所地址在鼓浪屿福建路 60 号的协和礼拜堂。

1929 年冬天，全国基督教女青年会的张振铎路过厦门，她向女教士清洁理姑娘建议成立厦门基督教女青年会，她们召集来泰山、关隘内、新街等堂会代表座谈，在会上选出筹备员 15 人，再借布袋街兆生药房为临时会所，并试办妇女补习学校和举行查经活动。经过多次筹备会换届和多年试办活动，1933 年 12 月 19 日，厦门基督教女青年会成立，以"尔识真理，真理释尔"为会训，会所设在厦门思明东路 64 号进明医局二楼。

1956 年，女青年会得到中华基督教女青年会全国协会的支持，买下现位于厦门思明区后岸路 7 号的一幢 3 层楼房为新会所，并在鼓浪屿福建路 32 号成立女青年会鼓浪屿分会。

基督教青年会成立后，以开展社会服务和宗教活动相结合的方式，举行各式各样活动。1918 年，厦门基督教青年会主持人王宗仁从国外带回一部电影放映机和一些影片，每逢星期六、日晚在小走马路"基督教青年会"游艺部免费为会员放映主要是宣传基督教义的影片，如《耶稣钉死在十字架》、《耶和华诞生》和一些外国风景短片，后又陆续放映一些英美等国出品的无声故事片。这是厦门最早的电影放映。

1931 年 12 月 16 日至 17 日，青年会在厦门和鼓浪屿举行青运大会，参加者约有 2 万人次，其中有 690 人决志成为基督徒。青年会开办的活动还有：办无线电报务传习所；组织宗教组、魔术组、工艺组、篮球队、乒乓队；成立图书阅览室；在天台辟游艺场，备有象棋、推进板、足球、乒乓球、掷环、甲板、网球；举办职业指导团，请教育名家演讲，内容有升学指导、职业修养、职业介绍、到农村去、创造新事业、职业改进、出路问题等；组织"声影剧社"；分别在厦鼓各堂会、各教会学校和一些机关、社团演讲；开办高级、初级口琴班，西乐研究班等。

而基督教女青年会则针对女青年特点，开展了一系列活动，比如开办妇女文化补习班，举办妇女卫生、儿童教育讲座，以及插花、绣花、编织、缝纫、烹饪等兴趣班。

为播福音办教育

传教士们初抵鼓浪屿，发现传教工作难以开展，中国人有自己信仰的神明，加上鼓浪屿被英军侵占，一些居民被迫外迁，所以仇视这些入侵的洋人，再加上没有文化的文盲也多，要说服他们入教更是难上加难。

教会深谙教育之于传道的重要性。当时大部分传教士主张以办学方式推进基督教传教事业。一直在中国从事传教和基督教教育活动的、美国公理会 1869 年派遣来华的传教士谢卫楼曾提倡说："教育是未来中国的一种力量，基督教会必须为了基督使用这种力量，否则撒旦就会反对基督。教会必须积极举办教育，这样就可以使基督徒占据有势力和有影响的地位，在政府做官，做传授西学的教师、当医生、商人……"另一位著名来华传教士，美国基督教北长老会牧师狄考文也说："基督教与教育之间存在着强烈的天然亲和力；通过教育可以使基督教的信仰和伦理道德渗透到整个社会结构中去，从而使中国基督化。"

所以，教会学校紧紧抓住传教，很多教会学校每日晨起、临睡、三餐前都要祈祷，还要去礼拜堂做礼拜听布道，在祈祷会上念祈祷文，讲述对信仰的体会。比如当年天主教的维正小学每周要上 2 节宗教课，每星期日学生要进教堂望弥撒，没有进教堂的当缺席论。而寻源中学则一有机会就向学生传福音，"敬畏耶和华是智慧的开端"，学校每日早上九时及晚上七时半聚会一小时，有唱诗、读经、短讲及祷告，每名学生都必须参加周五晚上的聚会，礼拜天上下午还要参加礼拜。

从 19 世纪 50 年代到公共租界时期，传教士在鼓浪屿上兴办起各种各样的学校：幼儿园、小学、中学、师范、专门的医学校、职业学校、神学院，还有针对妇女的妇学、难童学校、孤儿院……有走读的，有寄宿的；有男学，有女学；教会学校加上中国人办的私立学校、公办学校，使鼓浪屿这个小岛成了闽南一带学校最多最密集的地方。甚至在 1917 年，美国归正教会还派来儿童专家卫平在鼓浪屿设立美归正教会教育部，领导归正教在闽南等地创办的教会学校。

传教士在鼓浪屿的传教也历经了三个阶段：一是最初用"闽南白话字"来传播基督教，办起妇女读经班等，形式较我国传统的私塾教育是进步的。二是 19 世纪 60 年代后，中国兴起了洋务运动，其开办新学的主张也促进了教会学校的发展。三是 1905 年清廷实行新政时期，废除科举，大办新式学堂，这刺激了教会学校的革新办学。鼓浪屿的教会学校也在这三个阶段中适应着社会发展的潮流。

教会办学的早期草创阶段

早期的教会学校规模较小，学生人数也少，多的不过十几人、二十人，少的也就寥寥数人。学校通常附设在教堂内或传教士的住宅内，主要教学识字和宗教知识，推广闽南白话字，类似启蒙教育，据说当时教会里曾有一句口号："每一个基督徒必须能读圣经，每一个基督徒必须是不识字者的教师。"

早期外国女传教士想要教会厦门的成年妇女识字但却收效甚微，后来她们开始教授闽南白话字。1866 年，海伦·基普 (Helen Kip) 开始在每星期五下午的周末祈祷会之后用半小时的时间，在竹树脚礼拜堂教妇女们学习闽南白话字。1867 年，美国归正教会打马字牧师的第二任妻子每周五下午于新街礼拜堂举办"周课"，教妇女们读《圣经》和《教义问答》。几个月后，这两个礼拜堂

厦门的第一个女学堂

就有将近 40 个妇女能够流利地阅读《圣经》口语章句，当众回答《宗教问答》的问题。1871 年，竹树脚礼拜堂也开办了一个闽南白话字的附加班级，同时也为不识字的人在鼓浪屿的协和礼拜堂办了一个班。

1844 年，英国伦敦差会传教士施约翰夫妇在厦门鼓浪屿创办了"福音义学"，这是鼓浪屿最早的小学。学校先租民房，后自建校舍在安海角，当时有学生 30 人。

第二次鸦片战争后的发展

第二次鸦片战争后，教会加速向内地延伸势力，而为传教作出一定贡献的教育也随之发展起来。加上中国的洋务运动倡办新式学堂，西洋的教育制度给原本的八股科举制度带来了一定的冲击和影响，就读教会学校的学生逐渐增多。

这一阶段，鼓浪屿的小学教育开始普遍发展起来，有的学校还男女学生并收。教会中学的创立也使这一时期的教会学校得以扩张。另外，教会的女子教育也蓬勃发展，向女子们传播福音，是为当时西方传教士所认可的一条捷径，因为他们认为女子一旦信教，就会影响到她们的孩子，宗教的信仰也得以根深蒂固地流传下去。他们还希望上过教会学校的有文化的年轻女子，未来会成为传教士的配偶。果然，有不少这样的女孩子，后来不仅成为虔诚的教徒，还嫁给了牧师，成了鼓浪屿人口中的"牧师娘"。九龙江沿岸不少穷苦人家的女儿也由此从事神的事业，把家人都发展成了信徒。

神学院、师范学校以及专门的医疗学校也在这一阶段创办。

女子学校

1870 年，打马字牧师娘开办了女子日校及寄宿学校"毓德学校"。1879 年，毓德学校搬迁到鼓浪屿，打马字（T. V. N. Talmage）牧师的二女儿、人称"二姑娘"的打马字·马利亚（M. E. Talmage）接手女学

打马字二姑娘　她生长于鼓浪屿，死后也葬在鼓浪屿。

毓德女学的校门

堂事务，担任校长。这是厦门第一个小学程度的女学堂，初始仅有学生 12 人。学校收费低廉，住宿学生每年只付 15～20 元。

1880 年，美国归正教会购置田尾路为校址，先后建筑校舍，大小 4 座，女学堂迁至鼓浪屿田尾，当时叫"田尾女学堂"，也被称为"花旗女学"。学校用闽南话

罗马字（白话字）做拼音，教授《汉字圣经》、《四福音书》和地理、算术、缝纫、家务经济等等。圣经是主要课本，要求学生背诵一些经文，如耶稣的比喻与神迹，登山宝训，诗篇等。甚至规定不吸收缠足的女孩子入学。

毓德中学的校舍

田尾女学堂由小学发展到中学，1889年，改名为"毓德女子小学"。毓德学校的学生不断增多，至1899年便有学生76人，学生的年龄从8岁至21岁皆有。

毓德中学宿舍

在1870年到1920年的50年里，共有1500名女学生毕业于毓德。

生长于厦门的打马字大姑娘

归正教会还办起了妇学堂——田尾妇女福音学院。这所又叫"田尾妇学堂"的学校，最初名叫"圣经识字班"（Bible Reader's Home），创办于1884年，创办人及院长是美国归正教会打马字牧师的大女儿打马字·清洁（K.M.Talmage），人们称她为"大

1911年，毓德女师学生合照

女学

妇学

姑娘"。这个学院是专为已婚妇女而设的，因此学生年龄差距很大。学员中年龄从15岁到70岁都有。1884年开学时学生仅有5人，1889年增至24人，1894年达200人。其中相当一部分还是从漳州、同安和厦门郊区来的，都在学校住宿。

1876年，英国长老会倪为林牧师娘和吴罗宾牧师娘向外募捐，得款2650元，隔年6月在鼓浪屿乌埭角发起创办女学，取名"乌埭女学"，又名"红毛女

女童学校

学"，被鼓浪屿人称为"红毛女学所"。 乌埭女学提倡女子教育，招收来自厦漳各地的女寄宿生24名，是福建省最早的寄宿制女校，开创了闽南女子教育的先河。1883年，英国女公会派安姑娘来接办学校。1885年，由仁历西（西姑娘）任主理，学生人数已增加到80多人，办学规模逐年扩大。1900年，仁历西开始筹备修建新校舍，1906年仁历西逝世，所以1910年新校舍落成后为了纪念她，学校更名为"怀仁女校"，并于1911年搬迁至永春路（校址即现永春路87号人民小学）。

怀仁女校后增设有初中普通科、高中程度的家事职业学校，太平洋战争后被日军占领停办，一度易名鼓浪屿"二小"。（1951年，怀仁中学与毓德女中同时接受人民政府接管，合并成"厦门鼓浪屿女子中学"，校舍在毓德中学。）

教会小学

1898年，伦敦差会又创办了"民立小学"。1909年，民立小学与福音小学合并，改名为"福民小学"。1912年，福民小学发展为完全小学。(太平洋战争爆发后曾为日伪接管,后停办。1945年9月复办。当时有9个班470个学生,到此自福民小学毕业的学生已有50届3000人。厦门解放后,改名为"笔山小学"。)

1889年,美国归正教会在厦门竹树脚创办了"养元小学",后迁到鼓浪屿田尾路,被称为"田尾小学"。学校的创办人兼首任主理也是"大姑娘"——打马字牧师的大女儿。养元小学后来再迁鼓浪屿的球埔(今人民体育场)边,学校只收男生,不收女生,学生人数曾是全岛小学之冠,有过许多赫赫闻名的毕业生:文学家林语堂,天文学家余青松,1926年间任厦门自来水公司总工程师、美国麻省理工大学的毕业生林全成。

1905年,美国安息日会创办了"育粹小学",后改名为"美华小学"。1910年后,迁往五个牌(现鼓声路12号)的自建校舍,还曾一度扩办了中学。

1920年,天主教厦门教区的主教、西班牙多明我会传教士马守仁创办了"维正小学",校址设在鼓浪屿博爱路34号。后由庞迪仁牧师主理,并增办师范班。(厦门沦陷后及太平洋战争爆发期间都曾停办,1952年学校由政府接办,改名为"龙头小学"。当时学校设有7个班,有学生306人。1958年与鹿礁小学合并为"鹿礁小学"。)

寻源中学

为了让教会小学毕业的学生可以继续上学,让小学有教师来源,也让教会的神学院有合格的学生来源,1881年1月,大英长老会和美国归正教会在鼓浪屿田尾创办了"男童学院"(Boy's Academy)——这是鼓浪屿最早的中学,俗称"寻源斋"。学校最初是在一座重修的属于大英长老会的华人房子里开学,课程介于小学和女子学校之间,以"中学"为名,并有一个"寻源中"的中文名称,意即"寻找真理的源泉"。从创办到1887年,担任主理的是亚历山大·冯·狄克（Alexander Van Dyck）。1887年后，毕腓力任主理达25年之久。

第一年，学校只收了14名学生。

1890年，寻源中学增加了一个四年级，使其更接近美国的中学。四年级必修的课程有《圣经》、高级中文经典、高级代数、医学、历史（美国史、俄国史和西班牙史）、厦门的白话字的阅读和书写、体格（Composition）、画图和音乐。另外还有女传教士教画图课和音乐课。

1899年，学校迁址到鼓浪屿东山顶上由毕腓力在美国筹款捐建的打马字牧师纪念楼。学校除了宗教课程以外，还设国语、英文、物理等课程以及物理实验室，除经书外，教材都是自己编印。

1906年，寻源中学附设师范科培养师资。

1907年，由美国归正教公会、英国长老会和英国伦敦公会各派两名代表组成校董会，改寻源中学为协和中学。

1909年，寻源增加了一个五年级，不久后又增加一个六年级。

1910年，因学生人数增加，校董会动议将学校迁往漳州未果。辛亥革命后，学校实行新学制，取消协和中学校董会。1914年，学校改名为"寻源中学"，成立新校董会，由中国人和洋人等数董事组成。1918年，学校兼授二年大学课程（后大学班因师资缺乏而并入福州协和大学）。1923年春，寻源中学在漳州芝山建校，翌年校舍竣工，寻源中学迁往漳州芝山。

寻源校风十分严谨，注重教学质量和重视学生成绩。新生入学都要进行考试筛选，不达标准的淘汰。学校收学杂费都比公立学校高。学校初办期间（1889年），一个学生每期交学杂费24块银圆。抗日战争期间（1943年），每生学杂费120元（约一钱黄金价值）。到校上学的大部分是工商业者、医生、教师等家庭较富裕的子女。但对基督教会的子女，如家庭经济有困难，学杂费则可酌情减免优待。

为了方便远地农村的学生，寻源中学后改为寄宿学校，要求所有学生都须寄宿。学校学制三年，课程包括《新约》、《旧约》、《史记》和《诗经》、闽南白话字的认识和书写、书法、历史（中国和英国）、地理学、生理学、天文学基本原理、算术、代数学和自然地理学。在毕腓力的夫人（Mrs.Pitcher）的教导下，学生们还学会了徒手不用仪器绘制地图。后来还增加了一些新的课目，包括英语、19世纪的历史、高等数学、生物学、医学及古典名著的科目。

1890年后，寻源效仿美国的中学将学制增加一年。寻源会聚了许多优秀的教师，学校设有田径、球类设施，还有音乐室、图书室、实验室、标本室。音乐室有钢琴、风琴和各式铜管乐器，图书室有报纸杂志，可阅多种名著及教学参考资料，实验室主要是力学、电学等实验仪器和化学药剂，标本室有飞禽、爬虫类等动物标本。当时教学设施，可说颇具规模。寻源学生的英语水平高，据说曾有一位美籍教师卜英典不会讲汉语，上课都讲英语，学生亦能勉强听懂。当时有学生刘植树翻译一篇外国文学作品，刊登在厦门《江声报》；学生卓世华能与美国董事流利会话。所以，要求入学的学生逐渐增多，1922年已有学生245人。寻源中学办学成绩良好，如每年只收25名学生的北京协和医学院1921年就招了两名寻源的毕业生进入，还有其余三分之一的毕业生被列入候补名单。而升入厦门大学、福建协和大学、广州岭南大学以及本地的神学院的学生也不少。在寻源中学毕业的莘莘学子中，出了不少专家、教授、学者。如29岁获得博士学位、提出太阳系起源新学说的世界著名天文学家戴文赛，把大量东方文化介绍给西方的著名翻译家、文学家林语堂，我国神经外科医学创始人赵以成，农业遗传学专家林建兴等等，都是在寻源中学就读后打下基础的。据说因为当年从漳州来寻源读书的学生不少——林语堂就是其中一个，所以寻源书院所在的这一条路就得名为"漳州路"。

1920年，寻源中学还办了为学生实习而设的"教孺园"。教孺园的校址曾迁移过三次，最先租用民房，最后搬到鼓浪屿泉州路和中华路的交叉口（今泉州路56号）。厦门沦陷前夕，教孺园停办。

英华书院

1898年2月28日，英国伦敦公会的山雅各牧师在鼓浪屿笔架山麓荔枝宅（今鼓浪屿安海路6号）附近创办"英华书院"。因为康有为等提倡"维新变法"，提倡学习西学，中国的大小书院一律改成"学堂"并兼学西学，英华书院也顺应潮流改称为"英华学堂"，又叫"中西学堂"。由于缺乏资金，1900年，英华改由英长老会接办，不久后英华迁到鸡山路附近教会所建"白楼"，聘英国

福州路上当年山雅各牧师的住宅

人金禧甫为首任院长（主理）。学校最初设置为英国学制的高等学堂，并附设大学预科二年。

1907 年，英华添建校舍楼一座，用作宿舍、膳厅。学校仿效英国学制，分商业、科学两科，大部分课程以英语授课。英华校园的范围最后确定于 1911 年。

中科院和工程院院士王应睐、卓仁禧，科学家谢希仁、朱晓屏、陈慰中，历史学家韩振华、陈国强，经济学家吴宣恭，体育教育家陈安怀，华侨将军黄登保，爱国华侨实业家黄琢齐等，都是上个世纪三四十年代英华中学培养出来的知名校友。

美华中学

1910 年，美国安息日会于 1905 年创办的美华小学（原育粹小学）在自建校舍后，扩办为中学。1934 年，又在鸡山路 5 号增办美华女校。1938 年，男女两校合并，迁入新建的安献堂内，改名为"美华三育研究社"，学校设有英、汉、算三科。太平洋战争后，学校迁往漳州，1946 年复办。1952 年停办。

当年美华学校的校址周围，如今是华侨亚热带引种场，还有一片墓地——埋了许多基督徒和牧师，野花野草的十分茂密，不知道是不是美华学校的农场和牛奶场的所在？从这里到鼓浪别墅，从前叫"五个牌"——因为曾立了五方示禁碑记。后来称为"美华"的原因正是因为美华学校。

学校的校舍——安献堂，建时是教堂，却是学校模样。条石砌成，女墙既像城堡又像锯齿，是鼓浪屿上唯一用条石堆砌而成的三层方块建筑。

20 世纪 20 年代到日本人占领鼓浪屿之前，是美华中学的黄金时代。学校有实验室、图书馆，学生穿着统一的制服、佩带校徽，制定了校歌和校训。

还办了美华农场和牛奶场。奶牛是引进荷兰的良种奶牛，根据美国牛奶场的生产方式管理。奶牛食用的草料也从国外引进，在山地上种植。牛奶质量保证了，包装也讲究。包装瓶和封口蜡纸也从美国进口。标上"美华牛奶场"后，每天按时专人送到订户家里。

美华农场的蔬菜优质新鲜，菜贩争着来买。于是，市场里常常可以听到有人吆喝着"美华的蔬菜"招揽顾客。

学校还在山上挖了两口深井，架设了两台美式风车，车叶随风不停地转，上下抽水。这是鼓浪屿岛上最早的"自来水"。

学生们的劳动时间多，圣经课的时间也多，成绩便不如岛上其他学校。于是有一首闽南方言的顺口溜——"英华马口，同文歹狗，美华粪斗。"意思是英华中学的学生很洋化，同文中学的学生调皮捣蛋，美华却是随便都可进的中学。

学校的筹办人安礼逊牧师，倒因为美华农场的赢利，建成了新校舍。叫"安献堂"，也是纪念他的功绩。他还买下整座鸡母山，在山顶上建自己的住宅。后因工程负债累累，晚年在美国生活一贫如洗。

安献堂解放后办了"康泰小学"（"文革"中改称"工农小学"）。又做了十几年音乐学校的校舍。现在，成为养老院了。

中国第一所幼儿园

日光岩下的怀德幼稚园——如今的日光幼儿园，是基督教在中国创办的第一所儿童教育机构，也是中国历史上第一所现代意义的幼儿园。

1898年，在鼓浪屿传教的大英长老会韦玉振牧师的夫人韦爱莉创办了家庭幼稚园，最初的园址在鼓浪屿维新路35号牧师楼。后来迁至鼓浪屿内厝澳西路（现鼓浪屿永春路83号）新建的园舍。

1910年，大英长老会接办幼稚园。1911年，将其命名为"怀德幼稚园"。

怀德幼稚园主要招收 4 岁到 6 岁的基督教徒子女入园受教育，按年龄分班。历任园长都是大英长老会派来的女教士，老师则基本是岛上教会学校的毕业生，同时也是基督徒。

幼稚园教育条件很好，教学所使用的教具教材全部由英国运来，实行的是教育家蒙台梭利的教育模式，主张用玩具开发儿童的智力，利用 20 种他发明的玩具（称为"恩物"）发展儿童的感觉器官，学习数学、自然科学、语言文学、绘画、手工、唱歌及宗教知识等。当然，也免不了向小小的孩童们传教——教唱赞美诗，讲圣经故事，学做祈祷。

怀德幼稚园创办之后，厦门的各外国教会相继仿效，在厦门的竹树脚、泰山口、新街等陆续办起幼稚园。

1941 年，怀德幼稚园曾被日军接管。1946 年，由大英长老会复管。1951 年，怀德幼稚园转为公办，改名为"厦门师范附属幼儿园"。1957 年改现名为"日光幼儿园"。

为了培养幼儿园的师资，1901 年，大英长老会在怀德幼稚园内附设了幼稚师范班。1912 年，创办幼稚师范学校，为闽南各地的启蒙幼稚学堂培养师资，学校的学生大部分来自怀仁女中的毕业生。厦门解放后怀德幼师停办。

神学院

起初，中国的传教士和牧师都是在一些外国传教士家里接受培训，比如当时归正教会打马字牧师的家里就有这样的培训，另一个则是伦敦差会李为霖牧师（Rev.Wm.Lea）的住所。为培养中国籍牧师，19 世纪 50 年代，教会办起了专门的圣道学校。伦敦差会创办的是观澜斋，校舍在内厝澳。1869 年，归正教会在鼓浪屿建起了一座两层红砖楼，有一间讲堂、11 间卧室和一间厨房的回澜圣道学院（Thomas De Witt Theological Hall），校址在龙坑井安海路（即前英华校友小学，现为汉伟幼儿园）。

1907 年，两所神学校合并为回澜圣道学院，这是福建最早的神学院。第二年，改称"圣道大学"，规定只有中学毕业生才能就读。校舍先在厦门邦坪尾，后迁鼓浪屿内厝澳，又迁往岩仔脚。1919 年停办。

1917 年，中华基督教大会闽南大会将英国长老会办的泉州福音学校和寻源中学的道学科合并，由闽南大会和英、美三公会在鼓浪屿合办神学院，并分为甲乙两级。1937 年，迁往漳州马公庙。1939 年，改名为"闽南神学院"。1951 年，并入南京金陵神学院。

医疗教育

因为认识到医疗对传教工作同样重要，因此对于医疗人才的培养也是基督教会教育工作的组成部分。1900 年，美国归正教会在其所办的救世医院内还创办了厦门救世医院医学专门学校，校长由医院的历任院长兼任（均为美国教会医生），医院各科医生担任教学，学制 5 年。从 1900 年至 1932 年，培养 6 届毕业生，共 46 人。另外还办有护士学校。

理清莲姑娘

公共租界时期的革新办学

1922 年，中国发生了非基运动，基督教教育受到猛烈的攻击。1924 年，孙恩元等提议没有中华民国国籍者不得在中华民国领士内对于中华人民施行国家教育，吴士崇

1923 年到毓德中学任教的福懿慕姑娘

83

20 世纪 20 年代毓德学校初小的毕业生

毓德小学师生到厦门南普陀旅行

提议取缔外国人在中国设立学校。教育与宗教分离成为这一时期中国人的呼声。1925 年，中华民国北京教育部颁布了外国人捐资设立学校请求认可办法，其中最重要的条文就是"不得以宗教课目为必修科，不得在课内作宗教活动，不得强迫学生参加宗教仪式，不得以外国人为校长，组织华人为多数的校董会"等等。教会学校不得不向地方政府登记并接受管理，同时渐渐把教会学校

毓德中学师生旅行合影

原来属于洋人的管理权移交给中国人，组织校董会，推选华人为校长。

1920 年，毓德女子小学筹办增设中学部。1925 年 2 月，由美国归正教育会集资购得鼓浪屿漳州路 32 号校舍，由美国人理清莲姑娘任主理。1926 年，学校制定了新学制，改为高初各级。

1929 年，毓德组织校董会，聘中国人为校长。美公会即将全部校产送交校董会。1933 年，筹款添建新校舍及设备，隔年竣工，当时学生人数已达 300 余名。1941 年冬天，鼓岛沦陷后毓德停办，学校被日军占用，校舍被毁，仅余数间。抗日战争胜利后，校董会办理复校，暂假本部小学部上课。1946 年，获美公会代募建筑金，并得救济署拨助工赈，于 1947 年 2 月动工复建。1948 年 2 月，毓德重修后还附设幼稚班，学费依然有归正教会的补助。毓德女子小学后划为厦门师范附小，再改名

毓德学校的外国教师与中国教师在三落的姑娘楼

"第一中心小学"，后归入现在的"人民小学"。

1929年，养元小学组织校董会，选聘新校长，并在岛上的鹿耳礁新置校舍。1930年起兼办中学——于抗日战争前停办。养元小学在太平洋战争爆发后为日伪接管，抗战胜利后复校。厦门解放后改名"鹿礁小学"，1995年鹿礁小学与碧山小学合并。

英华书院于1924年向中国政府登记注册，分高、初中两部，郑柏年为第一任华人校长。1927年按政府规定成立董事会。1929

1923年，毓德中学部与小学部联合毕业典礼在鼓浪屿福音堂举行

1924年，毓德小学部的高年级生

年改名为"英华中学",附设小学高年段,同年报福建省教育厅立案。1930 年,由沈省愚继任校长。厦门沦陷后由英国人李乐白出任校长。1941 年 12 月太平洋战争爆发,日军侵占鼓浪屿,该校停办。抗日战争胜利后,于 1945 年 9 月复办,许杨三任校长。1951 年由人民政府接办,1952 年 8 月,英华中学并入厦门第二中学,其址成为厦门二中校址。

1930 年,福民小学校长、鼓浪屿福音堂长老叶谷虚创办了闽南职业中学,其办学宗旨是为福民小学的历届毕业生培养技术职能,谋求职业出路。闽南职业中学的校址在和记崎(今福州路),学校设有簿记、会计、统计等专业,还有工科的藤工、印刷专业。1941 年 12 月,太平洋战争爆发后停办。

这个时期,中国人自办的新式学校如武荣中学等和教会学校并存,这也使得鼓浪屿的中、小学校数量多,其密度之高也居于全国前列,并且在闽南以及台湾、东南亚等地颇有影响。

医疗救治奠基础

教育与医疗,是教会所认定的传教工作的左右手,都是传播福音的重要手段。西洋医术进入中国,其启迪和推动者不能不归之于基督教。传教士们既要"拯救"中国人的灵魂,也要拯救他们受病痛折磨的肉体,由此向病人传播福音,"教会很快也意识到关怀肉体的毛病,很有助于提升美好的感情"。教会所办的诊所和医院,其医生和护士一般都受过宗教训练,有的还有专门的讲道人员和牧师。

时断时续的行医布道

1842 年 6 月 7 日,美国归正教会的雅裨理、文惠廉在鼓浪屿开设了一个小型的诊所,诊所就设在雅裨理当时租来的靠海的民房中，这是厦门的第一家西医诊所。

接着，美国医生甘明博士作为医疗传教士也来到鼓浪屿，并且在这个小诊所工作。1843年11月，美国长老会的合文（Hepburn JC.）也来到诊所工作。1844年，这个小诊所搬到了厦门，并租下诊所旁边的一座房子专门供病人住院，这是厦门第一家开始有床位的教会医院。从1844年2月1日到来年7月1日，诊所共收治病人1862例。

1844年，雅裨理离开厦门，1845年合文离开，1847年甘明也离开，合文和甘明的离开使得厦门教会的医疗事业缺少了受过训练的医生，一直到1850年5月大英长老会的用雅各医生（Dr. James H. Young）来到厦门。1850年5月到1854年8月，用雅各在厦门开设了一间诊所，1853年至1858年由伦敦差会的海斯伯格医生（Dr. Hirschberg）、1858年至1862年由大英长老会的嘉约翰医生（Dr. John Carnegie）接替用雅各的工作。在洋商的支持下，教会在寮仔后开办"智识窟医馆"（Community Hospital），后迁到竹树脚。

竹树脚医院是大英长老会的马丽丝医生（Dr. A. L. Macleish）于1883年开设的，但1895年转交给了美国归正教会，一直到1910年交由救世医院的郁约翰医生管理，并成为与救世医院有联系的医院。

1872年到1893年间，美国人在鼓浪屿上后来建造领事馆的地方，曾创办了一家"海上医院"（Marine Hospital），专为外国水手服务。

1883年，麦克利什医生（Dr. A. L. Macleish）在靠近竹树脚礼拜堂那两座归正教会租来的小楼里开办了一所医院。医院由英国的教会承担租金，归正教会分担别的费用，同时也轮流管理医院的布道事宜。1893年麦克利什退休回苏格兰后，医院停办。

这期间，也曾有一些美国和英国的医生自费或由教会资助，不远万里前来厦门行医施药，但大都规模小，或是几年或几个月的短时工作，缺乏计划与步骤，更缺乏后继人力物力，故时断时续。

正规医疗工作的开始

　　基督教会在鼓浪屿正规的医疗工作始于救世医院。

　　1894年，大英长老会设在厦门的医院因为没有合适的医生而停止，厦门急需一间有规模的医院。于是，1897年归正教会计划在厦门建设医院。原英国长老会的医院旧址闲置数年，损坏严重，且该处虽邻近礼拜堂，但在居民密集区，卫生状况堪忧。此时，美国总领事建议在鼓浪屿建医院，因岛上人口稀少清静，环境干净，利于治疗休养。但鼓浪屿的外国商人及外国领事们则害怕病人上岛影响他们的清幽环境而反对，他们甚至告到北京，告到美国华盛顿。但最终还是反对无效。

平和小溪的救世医院

　　救世医院的第一任院长郁约翰自己设计医院并参与监工，救世医院不到一年就建成了。1898年，归正教会将救世男女医院总院由平和小溪移至鼓浪屿河仔下，并附设医学专门学校和护士学校，这是厦门第一所西医医院。救世医院分设"救世男医馆"和"救世女医馆"，经费来自民间和教会捐助，并接受当时荷兰女王的捐款，因此医院门前旗杆上曾挂荷兰王国三色国旗。救世男医馆是两层楼房，院内有小礼拜堂，饭厅，厨房，两间工人房，办公室，药房，眼科暗室，学生房4间，病房7间，可容45张床。后在该医馆后面另建一供女病人用的医馆。女医馆的英文名是"Wilhelmina Women Hospital"（威廉敏娜女医院），也称为荷兰女医院（Netherland Womens Hopital），以纪念荷兰皇室及个人的赞助——荷兰威廉敏娜女王知道医院急需护士时，派出二名荷

鼓浪屿的救世医院

兰护士前来协助，为 1926 年正式成立护士学校打好基础。后来两间医馆合并管理，中文名称为"救世医院"，英文名称为"Hope-Wilhelmina Hospital"。

郁约翰是救世医院第一任院长，其后的院长有木英雄、夏礼文及华人黄桢德等。医院所有医生，都从医学院毕业，医院较为正规，且医护人员具备一定的素质。救世医院设内科、外科、产科、眼耳鼻科。1932 年，救世医院从美国购进 X 光机，医院开始有较大型的设备，该院开始设病床，收治内科、外科、妇产科、眼耳鼻科病人和实施外科手术，开展普通常规检查和胸部透视。上世纪 30 年代，厦门救世医院首先开展常规血液检查和胸部透视。救世医院的外科主任陈荣殿博士当时已能开展胃部分切除术。30 年代以后，救世医院始设眼科。

救世医院不收药费、治疗费及住院费，但收取相当于 2 分半美金的伙食费，从而禁止病人家属在医院内煮饭，避免因饮食卫生影响健康。救世医院的宗旨为"传播救恩，医治疾病，不分种族阶级，一本耶稣基督之至仁，服务社会，健康人群，并促成医学之进步，指导卫生之常识"。 每日开诊前都先有传道的聚会，由传道人或医生宣讲，然后开始一天的工作。1900 年，救世医院门诊人数达 10200 人次，共收住 1206 名病人，进行外科手术 631次，拔牙 155 次。病人来自邻近各处，也有从 100 英里外来的。随着就诊人数增加不止，到 1916 年救世医院的楼房也随之加高一层，成为三层楼，又另盖新的办公大楼及其他设施，并有发电设备等等。

1926 年，救世医院附设护士学校，培养护理人员。这是闽南地区第一所护士学校。

中国人对救世医院亦有贡献，捐献常常是巨额的：共捐了5000 元修葺医院及建结核病人休养所；另一笔近 3000 元购买 X光机；另一笔捐助建新的发电厂。 还有一个中国人送了一份特别礼物给医院———匹马，马夫及饲料费用都不必医院负责，供医生出门探望病人及巡视三间教会学校之用，这是鼓浪屿当地居民对医院工作的支持。

美国驻鼓浪屿领事馆送一艘汽艇给救世医院，原来美国人办的救世医院，顺理成章协助美国公共卫生部在厦门办理移民的健康检查，检查那些要去菲律宾（当时菲岛为美国的殖民地）或美国的人，这也使得菲律宾及南洋各地的华侨对救世医院留下美好印象。

埋骨鼓岛的郁约翰

1888 年，郁约翰第一次来到鼓浪屿时只有 27 岁，不久后他就去了平和的小溪。

1896 年，郁约翰回国述职时被按立为牧师，他在鼓浪屿一边行医一边教学，据说他招学生的原则是：要求学生献身于基督教，受训时要热心参加宣教事工，如教主日学，轮流在医院小礼拜堂里讲道，到邻近住宅区布道，每晚参加 20 分钟医学生祷告会。学生参加工作是义务的，医院免费供给住宿及伙食。

救世医院开业的头一天来了 80 名中国病人。在接下来的几个星期里，病人们每天从凌晨 2 点就开始排队，等候到 5 点医院开门接诊。郁约翰在日记里写道："各阶层的人都来：富人，乞丐，清高的学者，官吏大员，还有目不识丁的、处于社会底层的苦力……最初的三个月共有 1500 名病人来医院看病，接受治疗 7000 次。"截至 1895 年郁约翰休假，医院的规模已经扩大到两倍，他也累计诊治了 50000 名门诊病人和 2400 多名住院病人，并做了 1500 多例手术。一位来自漳州的中国医生因为郁约翰为他儿子治病而捐献了一台显微镜。一名当地的官员提供了一处鸦片戒毒所——郁约翰说，鸦片是人间最深重的灾孽之一。

郁约翰在救世医院工作了 20 多年，因为正直和高明医术，他得到了很多人的尊重。他在工作自述中写道："一些盲人恢复视力时的高兴真令人感动。有一个失明的小孤儿，因生活不能自理，被叔叔赶出家门，他在路边乞讨时，听人说起救世医院。不远不近走了14里路，并四次跋涉过深及脐部的溪流。他小心翼翼地在崎岖而狭窄的路上摸索。当他走到河边大声嚷道'我要到救世医院，帮我过河吧！'有人背他过河或支付了轮渡公司的小费（鼓浪屿早年有河），最后他到了救世医院。他大摇大摆地走进办公室，转动着失明人的眼睛，盯着我说，'我是瞎子，你能治好我的病吗？'这个快乐的少年很快就能看得见走回家。"

据说，只要有电话来要求出诊，郁约翰一定亲自出诊。但是，他只给教徒治病，要他医治的人，都得入教。有一回，竟以此发展了200多名的信徒。

郁约翰还招收中国人陈天恩、林安邦、黄大辟、陈伍爵等五人为医学生，他们后来都成为闽南的名医。

据说对建筑设计极有兴趣的郁约翰还是鼓浪屿上多所宅邸的设计师，比如他为捐资给救世医院的林鹤寿设计的八卦楼，成为鼓浪屿的标志建筑；还有他的学生黄大辟的住宅"船屋"也出自他的设计。

1910年4月6日，因诊治一肺炎型鼠疫的青年病人，郁约翰染上鼠疫，于4月14日逝世，享年49岁。他要求按传教士的仪式举行葬礼，安葬在鼓浪屿。他的学生黄大辟等人在医院门前造塔镌碑："郁约翰牧师美国人也，医学博士。学称厥名，志宏厥名，志弘厥学。侨厦敷教施诊，精心毅力，廿载靡濡。手创医院三，授徒成业二十余辈，功效聿著，愿力弥宏。以身殉志，生不遗力，殁不归骨，卒践誓言，葬于兹邱。追念功德，表石以记。石可泐，骨可朽，先生功德不可没。诸学生仝泐。"碑文分别用英、荷、拉丁和闽南白话文四种文字镌刻，镶嵌在四个正立面。

抓蚊子的洋大夫

19世纪中叶，厦门鼓浪屿有一位医术高明的洋医生叫"曼森"，老百姓叫他"抓蚊子的大夫"。他就是后来被西方医学界尊称为"热带医学之父"的帕特里克·曼森爵士（Sir Patrick Manson）。曼森在鼓浪屿生活了13年，还发现了蚊子是疾病传播的罪魁祸首，这在当时被称为是预防和治疗热带疾病的划时代发现。他的传记中写他是最早在中国推广接种疫苗的人，并在厦门实行了产科手术，而且在实践中发明了许多实用的手术方法以弥补当时医疗设备的不足……

1871年，曼森从台湾来到厦门。初到厦门，他一方面为海关服务，另一方面，身为基督教徒的他得以参与教会工作，负责教会医院与诊疗室的医务管理。为解除老百姓对西医手术的恐惧，他将诊疗室、药房甚至手术室搬到了临街的一层，还以精湛医术和胆识赢得了中国人的尊重和信任。

曼森虽然负责教会医院的医务管理，但他反对教会医院的免费治疗服务，因为他认为医生是有专业责任的，追求的是科学、健康和病人的福利，他试图将教会医院改为医学校，将诊疗室发展成收费诊所。曼森和教会之间的冲突导致他离开教会医院，1873年，他在厦门市中心开设了私人诊所，并同时在海员医院（the Seamen's Hospital）工作。

1875年，曼森回苏格兰度假结婚。1876年，他带着年仅17岁的新婚妻子和一部高级显微镜回到厦门鼓浪屿。在鼓浪屿，曼森开始了一系列在当时不可思议的人体实验。比如他通过染上丝虫病的中国园丁的实验，发现蚊子是疾病传播的载体，这是医学史上极为重要的发现。1877年，曼森确认了蚊子是丝虫的寄生主，并在1878年将这一重大发现发表在中国海关医学报告上，在伦敦的医学学会上公布。

曼森在鼓浪屿的生活无疑优渥有趣，当时鼓浪屿对面、漳州南太武的老虎泅水来到鼓浪屿的小巷里，人们要围捕它。酷爱狩猎的曼森组织了打虎队，成员有岛上的巡捕和居民，而他则号称是"中国最好的狙击手"。

1884 年 12 月，曼森带着妻儿前往香港，开设了自己的私人诊所。在医学界声望极高的他在 1887 年成为香港医学院（1911 年并入香港大学）的首任院长，第一次在中国实行了有系统的西式医学教育，孙中山就是这个学校的学生。1887 年 11 月，身患舌疾、生命垂危的李鸿章被曼森免费救治痊愈后，成为香港医学院的重要支持人。

1925 年，时任厦门大学校长的林文庆博士，在香港大学医学会刊上发表文章筹集资金，希望能在厦门成立曼森研究院（Manson Institute）以纪念这位热带医学之父。同样身为医生的林文庆高度评价了曼森的医术与医品，他还呼吁恢复当时已关闭的济世医院（Amoy Chinese Hospital），并改造成曼森纪念馆，附设医学研究院，同时与当时厦大的相关科系进行合作，希望能在厦门建立一个医学中心。

报刊出版为布道

闽南白话字的传播

用方言办报、编写通俗读物，甚至用闽南语传教……传教士们大多有备而来，他们也在传教的过程中慢慢去接近、理解另一种原本于他们完全陌生的语言——闽南语，并由此产生了闽南白话字。闽南白话字是厦门话的罗马字拼音方案，共有 23 个字母，17 个声母，65 个韵母（其中普通韵母 31 个，鼻化韵 11 个，入声韵 23 个）。闽南白话字易学易写，只要能念出读音就可以写出文字，"短则一个星期，长则一个月，就能掌握，再经过三五个月到半年，就能熟练地阅读《圣经》了。"

在闽南语音字典的研究上，有几个传教士的名字值得铭记，他们亦为后来者提供了诸多语言上的便利，这也是鼓浪屿上教徒越来越多的原因之一。

属于伦敦宣道会的英国宣教师马礼逊（Robert　Morrison）是第一个到清朝来传教的牧师，他后来在马六甲开办了英华书院，拟出了一套汉语的罗马字方案，来帮助教会将要派往厦门传教的教士学习闽南语。1817 年，牧师麦都思（Walter H.Medhurst）抵达马六甲后，开始研究闽南语的罗马字母标记方式，1832 年，他完成了第一本闽南语罗马字字典《汉语福建方言字典》（《A Dictionary of the Hok-Keen Dialect of the Chinese Language》），并于 1837 年出版。麦都思是西方人研究闽南方言的开拓先锋，也是用罗马字拼音表记录闽南方言的创始者。

从麦都思到后来的杜嘉德，几十年间，西方传教士对闽南白话字的研究成就斐然。

鸦片战争后的鼓浪屿，教会多，传教士也多，1844 年来到厦门传教的伦敦差会的施约翰及他后来的哥嫂与妹妹等，在厦门地区传教达 30 多年，曾著作古律《神诗合选》，但没有文化的妇孺都无法阅读。他们又创作白话文《养心神诗》13 首，但当时传教的对象多是文盲，亦难以推广。施约翰便与美国归正教的牧师打马字等一起推广闽南白话字，这样无论妇孺还是文盲，只要稍加学习，就都可以阅读《圣经》和其他宗教书籍。他们译出《养心神诗》、《新旧约全书》，供教徒们使用。

这套厦门语的拼写方式后来经过多次修订，成为现在所称的"白话字"（教会罗马字）。白话字易学易写，因此易普及，特别是对不识字的百姓、尚未受教育的孩童和妇女来说，白话字是令他们向教会靠拢的有力工具。在厦门传教的美国牧师巴克礼就曾经说过："罗马白话字系统对妇女、儿童及未教育者很合用。"的确，文盲的妇女只要学习几星期，就可以自己阅读白话字的新旧约圣经、记事和写信，比起学汉字要快许多。所以，教会在一些妇学中使用白话字来教学——打马字牧师娘在新街礼拜堂每礼拜五下午祷告会后就教白话字，几个月后，就有 40 人可自己读白话字圣经及教理问答的书。于是鼓浪屿的福音堂也办起相同的班来，结果同样让传教士们欣喜。

传教士们在日常的工作和使用中，不断完善白话字的系统。这其中，在厦门传教 45 年的打马字牧师 ((Rev. John Van Nest Talmage D.D) 是推广厦门音白话字最有力者。1852 年，他出版了《唐话翻字初学》。他去世两年后发行的《厦门音字典》(E-mng im Ji-tian)，1894 年由来坦履牧师补编，由鼓浪屿萃经堂刊行。《厦门音字典》共 469 页，收有 6378 字，依字的 ABC 编排，有义解及用例，每字占一行至数行不等。另有字部、目录及改错、补录字。《厦门音字典》是后来甘为霖（William Campell）编《厦门音新字典》的蓝本。

1853 年，美国归正教传教士罗啻 (Rev.Eilph Doty，1809－1864) 编的《英汉厦门方言罗马注音手册》》(Anglo-Chinese Manual with Romanized colloquial in AmoyDialect)，是第一部标明汉英厦门方言字典，在新加坡、台湾流传很广。

1855 年 6 月来到鼓浪屿的英国基督教长老会牧师杜嘉德的《厦英大辞典》(Chinese-English Dictionary of Vernacular or Language of Amoy, With the principal Variations of the Chang-chew and Chin-chew Dialects)，简称《杜嘉德字典》，1873 年在伦敦出版，是运用最广的闽南方言字典，该字典共 612 页，收录闽南方言 4 万余言。它是汉英厦门方言字典中最重要和常用的一部，为 19 世纪的厦门方言及漳州、泉州各地方言口语词素留下丰富而精确的纪录，因而成为日后所有闽南方言辞典、字典的重要典范。杜嘉德拉丁式拼音法也为后来教会罗马字奠下坚实的基础。所以无论是语言学成就或闽南语的拉丁化，杜嘉德都被誉为闽南语学界最伟大的功臣之一。《厦英大辞典》里的"厦门话"指的是包括漳、泉、厦门、永春、台湾、南洋等地漳泉系闽南语，但不包括潮州、海南岛的闽南语。在附录中，杜嘉德对厦门话的方言，如漳州及其次方言、泉州及其次方言的语音特色及其对应关系有简单的描写，对厦门话移民海外也略作叙述。

《厦英大辞典》是第一部厦门腔白话华英辞典，是宣教师学习厦门腔最好的参考书。此书一出版立即受到所有要学习闽南语的人——外国宣教师、商人、旅行者、船员、翻译等的欢迎。

因为精通闽南语，所以杜嘉德在去到台湾后，感觉到去台湾传教的重任可以由厦门的传教士来担当。在他的建议下，英国长老会后来派医疗传道士马雅各去台湾传道，而马雅各去台湾前先随杜嘉德来厦门学习闽南话——这是后话了。

但《厦英大辞典》里全书无汉字，只用罗马拼音，杜嘉德自己在序文里解释，一是因为很多字找不出适当汉字，二是他要利用假期在英国排印此书就无法印出汉字，三是因他无法抽出时间在外埠（如上海）监印而作罢。所以继杜嘉德之后，对闽南语的研究有极大贡献的伦敦差会的麦高温牧师（Rev.John Macgowan）在 1871 年出版了《英华口才集》（A Manual of Amoy Colloquail），这是一本厦门话初学指南书，此书颇得好评，而后又陆续修订——1880 年，《英华口才集》因为供不应求再次出版，1893 年经过修改和扩充后又由鼓浪屿萃经堂刊印第三版。甚至日本占领台湾初年，还把这本书改译后，用日本假名标音来编写成《日台会话大成》，以帮助日本人学习闽南语。1883 年，麦高温出版了 611 页的《英厦辞典》（English and Chinese Dictionary of the Amoy dialects），书中厦译并列汉字及罗马拼音白话字是其一特色，从而弥补了《厦英大辞典》的缺憾。

另外还有偕叙理（G.Mackay）在 1893 年出版的《中西字典》、甘为霖在 1913 年出版的《厦门音新字典》、巴克礼（Thomas

Barclay）在 1923 年出版的《厦英大辞典增补》都是关于白话字的著作。

白话字不但风行闽南各地，也传播到台湾及南洋群岛、吕宋岛、新加坡、槟榔屿等，为当地华侨所用。白话字还走出了鼓浪屿——1873 年，罗啻牧师译成白话字的《旧约全书》、《新约全书》在英国刊印。用白话字翻译的《字汇入门》、《四书解释》、《三字经译诠》等汉学书籍亦相继问世。

通俗读物的出版

1847 年 3 月和 9 月，传教士波罗满走访漳州和同安后，说道："走访时看到的风景，受到的款待以及所有的一切，都让他们感到愉悦，久久难忘。人们随意而殷切地围拢起来听我们劝诫式的布道……我们发现我们提供的书籍远远不能够满足读者的要求。"

大量编写出版和发行宣传教义的书籍和通俗读物亦为传教士们所重视，被当成是文字布道的一种手段。这样的印刷品数量种类皆多，比如神学著作、圣经释义、祈祷书、赞美诗、基督教故事、基督教三字经、布道小册子以及年历、传单等。

为了在平民百姓中宣传教义，让文化程度不高的百姓能看得懂这些读物，传教士把它们编写得通俗易读，如《基督教三字经》是这样编写的："自太初，有上帝，造民物，创天地，无不知，无不在，无不能，真主宰……"

19 世纪 50 年代起，派驻厦门的宣教师们就利用罗马拼音白话字开始翻译圣经。主要是厦门腔的闽南语，也有漳州腔。《圣经》厦门话译本共 32 种，31 种均为罗马字拼音，含《新约全书》7 种，《旧约全书》3 种。《圣经》中最早被译成厦门话的是 1852 年出版的《约翰福音》。1908 年，罗马字拼音厦门话的《新旧约》出版，被称为"中国仅有的罗马拼音的完全的译本"。美国归正教会牧师罗啻、打马字、胡理敏（Alvin Ostrom）及伦敦宣道会牧师施敦力约翰都是早期的主要译者。据《英国圣经公会图书馆藏圣经刊本历史目录》所记录，早期厦门腔圣经单册有：《约翰传福音书》、《路得书》、《马可福音传》、《路加福音书》、《彼得前后书》、《启示录》、《约翰书（信）》、《加拉太书》、《以弗所书》、《腓立比书》、《歌罗西书》、《马太福音书》等几十种。另外，如宾为霖牧师的《天路历程》、《圣经诗歌》、《智益杂录》等也用白话文来刊印。

为了发行这些宣传物，1908 年，中外的基督教徒们共同组织"圣教书局董事会"，并在鼓浪屿的大埭路（即今龙头路 446 号）开办了闽南圣教书局——是中国当时六家圣教书局之一，也是闽南地区唯一的非纯营业性质的宗教书局，归中华基督教会闽南大会管理。

1932 年，教会人士捐献地皮和经费，在福建路（现福建路 43 号）建了一幢三层楼房，作为书局新址。闽南圣教书局除向上海批购《圣经》和委托鼓浪屿萃经堂印刷《圣诗》外，还委托厦门倍文印刷所和鼓浪屿启新印刷所大量印刷《圣经教义》、《圣诗》、《基督教故事书》、《基督教三字经》、白话字版的《闽南圣诗》、中小学校的宗教课本和出版《闽南伦敦会基督教史》等。在圣教书局里还可以买到一些西方教会杰出人士的传略。闽南圣教书局印刷发行的白话字宗教书籍达 100 多种，远销闽南各地和新加坡、菲律宾等华侨聚居地。

在鼓浪屿印刷的厦门闽南白话基督教歌曲也传到了台湾：1900 年传教士甘为霖以厦门美华书局刻本《养心圣诗》为蓝本编印的歌集《圣诗歌》、1912 年鼓浪屿闽南圣教书局出版的《养心神诗》、1926 年刊行的标明"厦门曲调"《圣诗》六首之一《大家看着上帝圣羔》等，在台湾都有着广泛的影响。

华文办报的策略

尽管在 1810 年，清朝的嘉庆皇帝就发布谕旨，禁止外人印刷书籍或设立传教机关，"为首者立斩"。但随着国门的被强迫打开，这个禁令亦被洋人的枪炮攻破。

教会十分明白文字布道的重要性，于是他们办起报刊，出版图书，用潜移默化的方式来传播福音。不过他们也懂得入乡随俗这个道理，因此这些出版物带着非常鲜明的中国本土特色，比如创办人大多是个"中国通"，不仅知道中国的风土人情，有的还会说中国话或者方言；用当地方言写作，使阅读者觉得亲近亲切，从而消除阅读者抵制的心理；启用当地教徒编辑主笔；甚至连印刷形式上也采用中国古代报纸的传统样式——竖排的书册形式，以适合中国读者的阅读习惯。

来厦门传教的教会办起了不少报纸刊物，加上驻厦领事馆、外国人办的其他报纸，使厦门的报业在清朝末年兴起。

早在 1878 年，鼓浪屿就已经出版了两份报刊，一份是《厦门公报与航运报》（The Amoy Gazette），每日出版；另一份名为"Waffle's Bi-monthly"（汉语译为《闲话双月刊》）。这两份报刊的内容全是外文。

大约在 1884 年，英国牧师傅氏创办了《厦门报》，双日出版，但因为阅读者甚少，不久后停办。

1886 年，英国传教士布德创办了《厦门新报》，这是厦门的第一份中文月刊。《厦门新报》主要刊载时事新闻和教会新闻，用福建方言写作。不过《厦门新报》只出版了三期也停刊了。

1888 年，美国归正教会打马字牧师夫妇在鼓浪屿创办了《漳泉公会报》，后改名《闽南圣会报》，每月出版，也用厦门方言写作，以刊载教会消息为主要内容，历任经理和主笔均由外国神职人员担任。1938 年改用闽南白话、普通话对照。《闽南圣会报》曾风行闽南、南洋和台湾各地教会，厦门沦陷后停刊。

这些报刊中影响较大的要数英国牧师山雅各创办的《鹭江报》。《鹭江报》是当时英国驻厦领事馆通过基督教会办的报刊,于光绪二十八年（1902 年）3 月 21 日创刊,光绪二十八年（1902 年）4 月 28 日发刊。牧师山雅各任总经理兼总主笔,其余 13 名编辑人员均为中国人,基本上是厦鼓的知名人士或者基督教徒,如马约翰、卢戆章等。《鹭江报》的编辑部原来在厦门,后迁到鼓浪屿鸡母山上山雅各建造的一所英式别墅里,印刷厂则在岛上山雅各别墅的一楼。

《鹭江报》为铅字直排印刷,每 10 天出版一期,每期 25 页,3 万多字。后来又增加篇幅,每期达到 4 万多字,栏目有论说（即社论）、国内外新闻、杂谈、编译、琐闻、文艺副刊和广告。《鹭江报》倾向于传达资产阶级改良思想,山雅各也经常撰写社论,比如他的《论报馆访事之关系》,宣传的是报刊出版工作的重要性。

从经营策略来看,《鹭江报》无疑颇具有今日报刊的发行思想,如制定优惠价格,创刊号免费赠送,订阅全年者优惠 10%；还有扩大发行网,在省内及粤、沪、津等地设立 32 个发行所或代办处,甚至还扩大到香港、台湾和东南亚、日本等地；又采取递减收费办法鼓励刊登广告；加上兼办书馆,开展多种经营,与各地报业同行开展协作发行。这些都令《鹭江报》的经营状况强出当时厦门的其他报刊。

1902 年 8 月,连横从台湾来到福建参加补行经济特科乡试,即省一级举人考试。然而他激进的新思想惹恼了主考官,考官在连横的试卷上批了两个大字:"荒唐！"连横自然落了榜。在回台湾的途中,连横路过厦门,正好看见山雅各创办的、创刊不久的《鹭江报》在招聘主笔。他前往应聘,被录取了,因此就留在了鼓浪屿。连横曾用史学的角度撰写了长篇专论《满洲最近外交史》,在《鹭江报》上连载了十多期,为读者提供了一份清朝政府卖国外交的历史档案。但《鹭江报》实际上是英国和清朝共同利益的代言人,爱国的连横在 1903 年底辞职回了台湾。其他编辑也纷纷辞职。

光绪三十一年（1905 年），创办四年之久的《鹭江报》宣布停刊。

1928 年，天主教厦门教区的马守仁主教在鼓浪屿天主堂创办《公教周刊》，每周一期，每期发行 800 份，分发全国各教区和本教区教徒。因为只收成本费，所以颇受全国各地教徒的欢迎。《公教周刊》的编辑是当时在鼓浪屿天主堂任传道的漳州人李蔚如。1937 年抗战开始，李辞职去香港，《公教周刊》停办。

在这一时期，教会在鼓浪屿办的刊物还有闽南美国公理会的《教育通讯》、《教育世界》、《指南针》，《鼓浪周刊》——1927 年 2 月创刊，由中华基督教闽南大会发行，曾一度改为日刊，不久停刊；《石生杂志》——1929 年创刊，1930 年停刊。另有厦门基督教青年会印行的《厦门青年》，报道教会举办的各种青年活动，如滑冰、划艇、钢琴演奏、篮球比赛等。

除了公开发行的报刊，也有教会学校自己印行的、供学生阅读的刊物，这些刊物主要围绕教会教育、学校教务、学术动态为内容，如厦门毓德女子中学出版的《毓德校刊》、厦门鼓浪屿福民学校的《福闽声》和《道南报》——1921 年出版，1933 年前后停刊。

对印刷业之影响

教会频繁出版报刊，大量印行书籍，在某种程度上促进了鼓浪屿以及厦门印刷业的发展。

清朝中叶，厦门就有用木板刻字或雕镌图案，然后有用红墨套刷的木版水印。同治年间（1862—1874 年），厦门的私家刻书业兴起，书坊大都集中在二十四崎（今大中路与升平路交界处），刻工多来自泉州。1858 年，厦门瑞记书坊开始用铅字活版印刷教会书籍和洋人文件，后来又增设石印。雕版印刷逐渐被铅印所代替。

1888 年，厦门新街礼拜堂在五崎顶（今定安路）创设"倍文斋"，购置了比较先进的印刷设备，除承印闽南圣教书局的各种传播福音的书籍外，还接受社团、学校、企业的印件。

鼓浪屿其时有经营印刷业务的"萃经堂"和启新印书局，另外教会也自己印刷书籍——1933 年，甘为霖的《厦门音新字典》就是在英国牧师的住宅里铅印出版。

由安溪人白瑞安开设的"萃经堂"，主要承接教会的印刷业务。白瑞安起先以印刷金银箔和刻字为业，后在厦门二十四崎开设"瑞记书店"，兼营印字作坊，刊印《三字经》、《千字文》等启蒙读物出售。瑞记书店迁到鼓浪屿鹿耳礁（今复兴路 15 号）后，改名"萃经堂"，除继续印售小儿识字课本外，主要为基督教会印刷闽南语罗马拼音字的圣经、圣诗以及《厦语注音字典》等。1894 年，打马字所著的《厦门音字典》就是由萃经堂印行。1893 年，麦嘉湖改订三版的《英华口才集》也是由萃经堂印行的。

由于印刷基督教书籍，与基督教会经常往来，白瑞安由信佛转而信基督——1860 年新街、竹树脚两教堂分立"长执会"时，他被选为"中华第一圣堂"新街礼拜堂的执事，1866 年起连续三届被选为"长老"。1904 年，白瑞安去世，年约 73 岁，留下五子四女一个大家庭。

白瑞安逝世后，他的长子白登弼接掌父业，经营萃经堂。1907 年，白登弼从美国（一说英国）购进一台手摇活版印刷机，首开福建铅字活版印刷之先河，比上海商务印书馆还要早使用活版印刷。他紧接着聘来外国技师，将手摇操作改为半机械化，业务发展迅速，经营有成，获利丰厚。口袋殷实的白登弼联络"中西学"（英华学堂）的郑柏年等六人集资 6000 大洋，从美国买来制罐机，在鼓浪屿内厝澳创建了"淘化罐头厂"。

白登弼还买地捐给教会建学校和公墓，名声日隆。1885 年至

1914 年，他被选为新街礼拜堂的执事和长老，亦算是继承父业。白登弼 44 岁时英年早逝，有说是劳累过度胃病发作，还有说是印刷导致的铅中毒。

白登弼去世时，其妻吴怜悯无力支撑家计，遂把萃经堂盘给店内几个伙计经营。伙计们把萃经堂迁往厦门大走马路营业，一直到上个世纪 20 年代末才结束。

白妻吴怜悯出生于长泰县一家兼做草药医生的家庭，16 岁时只身来到鼓浪屿，在外国女传教士家里帮佣，学会了闽南语罗马拼音文字，同时也成为一名虔诚的基督徒。1946 年，76 岁的她去世，在"三一堂"举行葬礼，为她送葬的教友有数百人。

白家留在鼓浪屿升旗山西麓有宅第两座，南楼建于 1902 年，北楼建于 1914 年，这两幢英式别墅，长廊拱窗，大方古朴，至今完好。

音乐种子自生根

无可否认地，西洋音乐来到鼓浪屿，首先是以宗教音乐的形式而来的。

如今，人们走在鼓浪屿的悠长小巷中，耳闻那飘飘乐声，为琴岛的名副其实而深深陶醉的同时，恐怕也不得不承认是百年之前那些飘洋过海远道而来的传教士们，给小岛埋下了音乐的优良种子，那些教堂、教会学校等等，给予了这种子肥沃适合的土壤，令它生根发芽……

那个在日光岩上镌刻下"鹭江第一"的林鍼，是近代中国士人赴美的第一人，也是近代最早接触西洋乐器的中国人，他在《西海纪游草》一书中介绍了很多西洋新鲜事物，其中就有风琴。他大概未曾预料到，几十年过后，闭塞的鼓浪屿会成为西洋人聚集的天堂，而那些新鲜的西洋乐器，在岛上已是寻常物。

德·琼格所著的《归正教会在中国》中有这样的记载：

尽管中国人热心参加唱歌，但有些时候宁可参加像乐队那样能获得荣誉的合唱。1900 年底到厦门的范礼文牧师(Rev. Abbe Livingston Wanshuis) 在出席过三四次华语布道会以后报告说："这些中国礼拜堂的唱歌非常像我们荷兰教堂的演唱圣诗，每个人都尽其所能地唱得很好，很大声。"

书中还写到，当年的鼓浪屿礼拜天的宗教活动中有一个"最独特的就是所谓的'中国每月音乐会'(Chinese Monthly Concert)。这个音乐会首次举办于 1846 年 1 月 5 日，从此以后每个月的第一个星期一举办一次。和伦敦差会以及后来大英长老会的传教士所支持的众多的宗教活动一样，它性质上也是普世的。"

英人翟理思在《鼓浪屿简史》中记载，1878 年的鼓浪屿已经有管风琴演奏出的悠扬乐声。

1906 年，毓德女学因为唱诗班的需要，从欧洲运来了一架管风琴。

这架从欧洲运到鼓浪屿的管风琴，一直放在岩仔脚基督教会福音堂内，供教会唱诗时用，为教徒合唱团伴奏。这架管风琴造型奇特，带有鼓风机，琴体与人齐高，弹琴时需两人配合，一人鼓风，另一人弹奏，才能发出琴音。这架稀奇的乐器成为当时岛上一景。

1913 年，台湾富绅、菽庄花园主人林尔嘉从欧洲买了一架真正的钢琴，用作家居装饰陈列。这便是鼓浪屿的第一架钢琴。

自此以后，岛上的富商纷纷效仿林尔嘉购买钢琴。三一堂和教会创办的学校也先后购置钢琴。鼓浪屿上钢琴的数量逐渐增多，其拥有钢琴的密度以人口平均计算，不仅在国内独占鳌头，在世界上亦属罕见。在上个世纪的二三十年代，西洋音乐已十分盛行的鼓浪屿，名扬海内外，被誉为"音乐岛"。

教堂里的宗教活动，总有唱诗节目，需要有钢琴伴奏。教会学校开设教唱圣诗的课程，亦时常举办文艺活动与比赛。"音乐也成了学校一项受欢迎的课外活动，并且时常作为独特的手段为奉献福音启示服务。1926年，一场由33名学生和一支小乐队伴奏表演的合唱《明亮的星》，对中国公众乃是一次完全新的冒险尝试。演出过程中，其中有一座礼拜堂连走廊、窗户和进口处都挤满了人。受到学校流行弦乐队的启发，1925年，寻源书院那位1923年至1926年在华做事的教师乔治·科思牧师（George Kots）组织了一支有20件乐器的乐队，很快地就有许多人要求这支乐队到各个礼拜堂的聚会和城市公园的音乐会演奏。一场为中国人表演的别具一格的文娱节目献演于1921年的圣诞音乐会，其中有一个由厦门毓德女中20名少女和寻源书院15名少年组成的混声合唱。"

　　20世纪30年代中期，鼓浪屿上女子中学的课程在对小学音乐教师和礼拜堂合唱队指挥的培养都十分用心。《归正教在中国》

1936年6月，毓德中学第十五届音乐会全体团员合影。

一书中，提到一位出色的美国女钢琴家闵加勒太太——著名的钢琴教育家李嘉禄便是她的学生，她从 1917 年随丈夫来到鼓浪屿后，除太平洋战争那几年外，一直在岛上指导音乐活动，或为演唱伴奏，或组织合唱团演出，还帮助毓德女子中学的一支管弦乐队使用中国乐器。

因为学校音乐教育的普及，百姓积极参与的教会活动——三一堂唱诗班有歌颂团、青年诗班、少年诗班、儿童诗班，它的唱诗班在海内外都颇有影响。教会组织了歌剧班、戏剧班、声乐班、钢琴班、风琴班、口琴班、西乐研究班等，成立了"声影剧社"和歌咏团，不时举办音乐会。鼓浪屿上音乐爱好者日众，他们不仅是懂得欣赏，更学会了弹唱。

岛上的音乐活动也频繁活跃：20 世纪 30 年代，国民党军委军乐队曾来岛上举行音乐会；小提琴家尼哥罗、男高音歌唱家陈玄等也来此举行音乐会。而当时居住在岛上的留英的厦门大学校长林文庆，留美的厦门自来水公司总工程师林全成等都时常互相以音乐交流，使小岛上音乐气氛浓厚。大提琴手廖永廉、钢琴手阮鸣凤、小提琴手储耀武、男高音温绍杰等都在家里不定期地举行过音乐会。家庭音乐会成为岛上音乐爱好者家庭的高雅娱乐，这些家庭亦成为岛上的音乐世家，后代中成长出许多音乐家。

舒婷的笔下曾经写过这样一个岛上典型的音乐家庭："当我们看到廖先生打起黑领结，扛着扬名四十年代的大提琴，便知道今晚哪里该有家庭音乐会了。（他所收藏的录音带之丰富完整，连央视都来做过专题。顺便说一句，年轻时的廖娘在基督青年会合唱团里，也有一付让人怀念的女高音。）"

鼓浪屿的过去以及现在有过多少灿若星辰的名字，这些名字里，有许多与音乐相关：如音乐教育家周淑安教授——是她创作了中国第一首花腔歌曲《安眠曲》，这首歌是用厦门的方言童谣"呵呵困，一暝大一寸；呵呵惜，一暝大一尺"来反复吟唱八遍,配以钢琴伴奏,声乐家林俊卿教授,音乐理论家杨民望,著名钢琴演奏家殷承宗,钢琴教育家李嘉禄教授,大提琴演奏家陈鼎臣教授,旅美钢琴家许斐平、许斐星、许兴艾,著名指挥家陈佐湟,手风琴演奏家兼教育家李未明……

而这些音乐家,多多少少与宗教不无关系,他们或出生于信教家庭,或者就读于教会学校。

比如1908年,清政府在厦门接待美国东方舰队的来华访问,14岁的鼓浪屿少女周淑安用英文领唱了美国国歌《星条旗永不落》,令美国来访者大吃一惊。

比如后来在台湾歌坛占有一席之地,创作了不少闽南语歌曲的姚赞福,少小时候就读的是鼓浪屿英华书院。

比如声乐家林俊卿教授,祖父是基督教的传教士,母亲是虔诚的基督教徒,经常在礼拜堂领唱圣诗,童年时林俊卿就跟着母亲学唱圣诗,5岁时便能唱一整部《闽南圣诗》,而成为教堂儿童唱诗班的小领唱。

比如钢琴家许斐平、许斐星便出生于一个基督教的音乐世家:他的祖母林淑怡,曾在教会唱诗班唱闽南圣诗。他的父亲许序钟牧师,爱弹钢琴,会吹笛子。他的母亲张秀峦则是当年鼓浪屿毓德女中的高材生,喜欢弹钢琴,后来成为教会的司琴手。每逢周末,许家便举办音乐会,父亲许序钟牧师主持,母亲张秀峦弹琴,祖母林淑怡领唱,几个孩子们跟着或弹或和。许斐平幼年即能凭记忆弹奏钢琴赞美诗,他五岁学钢琴,六岁登台演奏,八岁进入上海音乐学院附小,被称为"神童"。而许斐星的女儿许兴艾3岁随父母学琴,4岁便在鼓浪屿三一堂做首次演出。许斐平、许斐星、许兴艾都成为了著名的音乐家。

而殷承宗的一家也是如此:当年他的姑姑、厦门大学第一任校长林文庆的妻子殷碧霞将一架钢琴留在了鼓浪屿的哥哥殷雪圃家。那架钢琴便陪伴着殷家孩子们的成长。殷承宗7岁学琴,9岁在三一堂演出并售卖门票。他的哥哥殷承典也是钢琴家，曾任岛上厦门音乐学校的校长。

足球游泳传百年

音乐是鼓浪屿的百年传统，体育运动也是小岛值得骄傲的历史——除了"钢琴之岛"的美誉，鼓浪屿亦有"足球之岛"之称，虽然体育运动相较音乐起步相对迟缓。

早期的教会学校基本上只在课外开展一些健身活动，而没有开设体育课。1890年鼓浪屿的寻源书院把体格（Composition）、画图和音乐定为必修的课程，体育开始成为一门学科。其他教会学校也先后开设了体育课。1898年，鼓浪屿的英国领事和一些"绅士们"向岛上的中学与男童小学赠送了一整套板球和足球，用以鼓励体育以及运动的发展。

1902年，清政府规定各级新学堂都要设置体育课，近代西方的体育运动在鼓浪屿开始发展。就连女子学校也开设了体育课程。1926年有个传教士说："好几年前，厦门举办过一场运动会，没有一个女学生参加。去年秋天同样举办运动会，差不多每四个参赛者就有一个是来自（鼓浪屿）女子学校的学生。"

体育最初的启蒙同样来自教会。在教会创办的学校里，田径、篮球、足球、乒乓球、网球等西方近代体育项目或者成为学生的必修课，或者成为他们课余的活动。寻源中学、英华书院组织班级、学校篮球队、足球队，经常开展校内和校际的比赛活动，举行以田径为主的运动会或单项竞赛。英华书院、毓德中学和养元、福民等小学还举办过多届校运会。"随着学校科目的增加，所有的学校的课外活动课都成了重要的特色课程。比较高级的体育运动在外国教师的鼓励和与其他学校竞争的刺激下，变得特别普及。寻源书院1935年的学校课程表上记录扩展体育运动的

20世纪20年代毓德学校的运动会

番仔球埔旧影

教育是学校活动的一个部分：增加军事操练，要求全体学生一个星期至少做3小时的体操。一份完整的时间表安排每个学生有一次机会去学习初步的各种田径运动和以及一些比较流行的比赛，诸如篮球、足球、排球和网球。学校为体育运动的需要提供了两个篮球场、两个排球场、一个网球场、几个跳远跳高用的沙坑、一个足球场和一条跑道。"

20 世纪 30 年代，鼓浪屿有名目繁多的足球队、游泳队，每年都举办各种形式的足球赛和游泳比赛，对外体育交流频繁，英华足球队、波浪游泳队的战绩蜚声东南亚。

就像是岛上的居民向传教士学弹钢琴一样，人们也对外来的体育运动有了兴趣。据说，在 1890 年，鼓浪屿就有足球运动的倡议。最初，是英国传教士创办的英华书院的师生受这欧风的影响，也喜欢踢足球。英华书院于是率先引进了英国现代足球——1898 年成立福建省第一支足球队，这也是中国近代第一支足球队，是厦门乃至福建足球运动之发端。《归正教在中国》中写道："1898 年，英国传教士山雅各在鼓浪屿创办英华书院，这是鼓浪屿影响较大的西式学校。英华学院创办不久，即成立了英华足球队，这是中国近代史上第一支足球队。"

1902 年，洋人在鼓浪屿修建了一个仅供外国人活动的棒球场，鼓浪屿居民称之为"番仔球埔"。

番仔球埔前曾有木牌，上写"No Dogs Allowed！"但狗哪里能看得懂英文，这是写给中国百姓看的，说明了中国人和狗一样，只允许在场外观望。

曾有英华学校的外国职员写报告说，"中国孩子的鞋子飞得比球还高，因为他们的鞋子不像我们是用带子绑的。"即便如此，中国孩子的球也踢得好——英华书院的足球队曾出征外地，赢得不少声誉，比如 1920 年，他们作为省运会的冠军应邀前往香港比赛。到了 1941 年，他们被准许入场踢球，算是当时的特权吧。

在鼓浪屿近代的体育运动史上，厦门基督教青年会功不可没。1912 年，厦门基督教青年会就将近现代体育运动推向社会，他们与厦门体育界合作，向体育爱好者教授足球、排球、篮球、

1932 年全厦排球锦标赛

网球和田径运动，并逐渐配备了相应的活动设施：他们建立足球队、篮球队、排球队、乒乓球队、网球队和游泳队，组织横渡厦鼓（厦门岛与鼓浪屿岛之间海峡）和环鼓（环绕鼓浪屿）游泳赛、帆船赛、越野长跑赛、自行车长途赛和中国象棋赛等，举办体操、跳水、曲棍球、武术等训练。一直到 1938 年，厦门被日军占领之前，教会都积极组织和推动体育赛事和活动。

鼓浪屿四面皆海，是天然的游泳场所。岛上的原住民以海为生，自然有水下本领，他们把下海游泳叫作"泅渡"。据说郑成功在岛上操练水兵，游泳便是主要训练科目。教会也适时地推出了游泳比赛——

1931 年 9 月 5 日，厦门基督教青年会在鼓浪屿田尾游泳场举办厦门第一届游泳比赛，这是福建最早的游泳比赛。比赛设男子组 50 码、100 码、200 码自由式，200 码蛙式，100 码仰式，50 码穿衣服，200 码接力，女子组 25 码自由式和儿童组 25 码自由式等比赛项目，共有参赛运动员 58 人。

1931 年 9 月 26 日，厦门基督教青年会主办第一次横渡厦鼓海峡（即厦门至鼓浪屿）的泅渡比赛活动，由鼓浪屿黄家渡码头游至厦门海关码头，游程 700 米，有 54 人参加，45 人游抵终点。

1934 年 9 月 29 日，厦门基督教青年会举行的横渡厦鼓海峡比赛，有 104 人参加，80 人到达终点，是历届比赛人数最多的一次。

1915 年和 1917 年，厦门基督教青年会参与发起、组织厦门第一次运动会和全闽南运动会。英华书院蝉联省一、二、三学校联合运动会足球冠军。英华书院还是第一届的田径团体冠军，第二届的田径总积分第二名。在第三届省运会上，养元小学获小学田径甲组第一名。

1932 年 10 月，厦门青年会附属的联青社举办首次全市足球公开锦标赛，有厦大、集美、英华学校和鹭光、健群、老练体育会的球队参加。

1920 年在鼓浪屿举行了首次女子篮球比赛。接着，厦门出现了"同余队"、"余余队"等多支篮球队，比赛活动逐渐兴起，除组队参加运动会比赛外，还经常举办篮球比赛。到了 30 年代，厦门女子篮球队成为全国三强之一。

教会还经常邀请一些外籍专家来厦门讲学，传授近代体育技术。比如，1915 年 4 月，厦门基督教青年会体育部举办厦门首次体育培训班，聘请上海青年会的美国人柯乐凯氏来厦门讲授田径、篮球、排球等运动技术和竞赛规则，并训练了一批裁判员。1917 年，基督教青年会举办训练班，邀请美国人孟列绰讲授篮球竞技。厦门基督教青年会还设立乒乓球厅，组建球队训练。

在鼓浪屿悠久的体育历史中，"马约翰"这个名字不应该被遗忘。这个出生在鼓浪屿教徒家庭的穷苦孩子，自幼父母双亡，十几岁才得以到教会办的福民小学读书。1904 年，他考入上海圣约翰大学预科，两年后升入本科。1911 年大学毕业，获理学学士。大学毕业后，他曾在一家外商公司做翻译，同时在上海基督教青年会办的一所夜校执教。在读大学期间，马约翰就一直是圣约翰大学体育队的主要成员之一。1914年夏天，他应聘到清华学校（清华大学前身）任化学老师，后改教体育。同年11月，马约翰被学校推为北京体育协进会代表。1919年到1926年间，他曾两次赴美国春田国际青年会干事专科学校攻读体育课程。1936年10月，马约翰任总教练率中国队参加在柏林举行的第十一届世界奥运会。

马约翰被誉为中国体坛宗师，他开了中国近代体育教育之先河。他在清华执教终生，许多学生都得益于他的体育教学——梁思成说自己"当年可是马约翰先生的好学生，有名的足球健将，在全校运动会上得过跳高第一名，单双杠和爬绳的技巧也是呱呱叫的……我非常感谢马约翰。想当年如果没有一个好身体，怎么搞野外调查。在学校中单双杠和爬绳的训练，使我后来在测绘古建筑时，爬梁上柱攀登自如。"

现在，"马约翰杯"运动会已经成为清华大学一年一度的最高体育赛事。而在他的家乡鼓浪屿，有一个马约翰文化广场，就在人民体育场对面，广场上立有他的铜像，伴着四季花开，对面的球场上时常有孩子在他的"视线"内踢球。

其他的社会活动

教会曾在鼓浪屿进行一些慈善的活动，他们倡导禁止鸦片、反对妇女缠足，办孤儿院，收助盲童，为救助当时的穷苦百姓作出了一定贡献。根据《闽南伦敦会基督教史》记载，仅福音堂的信徒每年平均捐款就达4000多元，用于补助孤儿院，及救济贫穷与教会机关的慈善事业等。

1887年，美国归正教会及英国长老会在厦门租房办起"怜儿堂"以收留弃婴，不久后搬到鼓浪屿田尾一座二层的砖楼，两年内收留15个婴孩。1900年，怜儿堂有43个婴儿，孩子长大后有的被领养，有的升学。后因孤儿人多，怜儿堂分为二处，一由归

儿童收容所

老照片左边的院子是鼓浪屿的儿童之家

正教会办理，一由英国长老会办理。

　　1883 年，闽南基督教漳泉长老大会把禁烟定为教会大事之一，严查教会内部人员买卖鸦片及种植罂粟之事。在教会的严禁之下，无一信徒吸毒、贩毒或种毒。厦门的基督教青年会也积极参加戒烟禁毒活动。1931 年，厦门基督教青年会发起组织国民拒毒委员会厦门支会。

天然双足的概念是传教士们阐述为基督教的义理之一，1887 年，英国伦敦公会牧师麦嘉湖倡议成立了"厦门戒缠足会"，这是中国近代史上第一个反缠足组织，美国归正教打马字牧师的二女儿即二姑娘是厦门戒缠足会的负责人。

为戒缠足会撰写《戒缠足论》的叶汉章是厦门竹树脚礼拜堂的第一位华人牧师。1887 年，在一场每半年举行一次的戒缠足会会议里，他写的《戒缠足论》道："今观天下，除中国以外，妇女均无缠足，可见上主造人之足形，男女无二致，此古今之通义也。""原上帝造人，四肢五官各适其用，男女皆同。"叶牧师毫不留情地指责为女儿缠足的父母："爱人之道，莫先于爱己子女，奈何将己之子女，自五六岁时，则苦其足，牢束紧扎，俨似烙逼，气阻不行，若同压踝？……或观缠足之时，紧扎呼痛，母即酷打其女，强使之痛楚难堪。"戒缠足会第一次集会时，签名加入的中国妇女有 40 多名。到 1891 年，已超过 1000 人。为了加大对这项运动的支持，后来教会还规定以没有缠足才能到毓德女子学校入学为先决条件，同时学生的双亲也同样要遵守这项规定。

厦门向有蓄养婢女恶俗，主人虐待婢女之事频频发生。1930 年 10 月 4 日，福音堂、三一堂长执许春草、派茂堂会长执张圣才、溪岸堂会长执庄雪轩等在鼓浪屿倡议专为不堪主人虐待而逃出的婢女设立收容所，定名为"中国婢女救拔团"，为来求助的婢女提供生活费用。团址设在鼓浪屿旗尾山原德国领事公馆（现鼓浪屿英雄山琴园）。

被救出的婢女集中于收容院里，称为"院生"。收容所的经费主要靠建筑公会提供及组织婢女演戏的卖票收入。厦鼓社会中凡有适龄而因经济能力不足或其他原因尚未成家的本分青年均可向救拔团申请，团里先将男方照片给"院生"挑选，相中者方可开始接触。救拔团不向男方收取聘金，但要求必须用红轿子前来迎亲，并在礼拜堂举行婚礼。届时，救拔团还动员许多群众前来参加婚礼，让婢女扬眉吐气。以至于"院生"都亲切地称许春草为"阿爸"，称张圣才为"小舅"。

除此之外，收容所还为婢女介绍工作，在团内创办羊毛线衣、棉纱地毯等工艺厂，以工厂收入补充婢女的生活费用。1936年起，工部局每月补助该团国币100元。

救拔团曾十几次动员数以百计的少壮团员，攻进哀声惨厉的豪绅住宅，解救正在被严刑酷打的婢女，送到鼓浪屿救世医院抢救。在该院医生护士的大力支持下，七八年间，除了一位重伤婢女不治身亡外，200余名"院生"没有发生过病亡事故。每年的"五一"和"双十"节，许春草都要举行游行活动，用话筒沿途呼召："不堪虐待的婢女，来参加游行队伍，争取自由。"还经常印发简报，分散全国各地，扩大影响。

1936年，曾有一个国际调查团在《东方妇女解放运动专刊》中专文报道该收容所解救婢女的情况。1941年，该收容所因日军进占鼓浪屿而停办。

1938年5月13日，日军攻陷厦门，厦门难民涌进鼓浪屿避难，岛上人口猛增。鼓浪屿上的中外人士携手成立鼓浪屿国际救济会，由美国归正教会牧师卜显理担任主席，同时委托淘化大同和兆和两家罐头食品公司每日免费为难民施粥，并将八卦楼、西林别墅、教堂和私人住宅都尽量腾出来安置难民，还在黄家渡一带搭盖了数十座简易竹蓬厝，以作临时的收容所。为解决难民子女失学、辍学问题，国际救济会在黄家渡难民所开办了一所简陋的难童学校，委派教会的美国传教士卜显理和毓德中、小学的主理福懿慕姑娘、英国传教士李乐白等人负责校务。教师由逃难于鼓浪屿的小学教师和中学生担任，其中也有传教士。难童学校曾有学生近 500 名。

1920 年夏秋之际，华北旱灾，厦门市基督教青年会积极联合各界人士组织华北赈灾会。1931 年 7 月 1 日组织建设委员会，在禾山开辟教会新区；同时发起组织国民拒毒委员会厦门支会和赈江淮水灾小组，向信徒筹捐赈款 4900 多元、衣服 1.2 万多件。1937年"七七事变"前后，青年会先后举行 3 次抗日救亡活动，发动捐款慰问抗战将士。

附：本章参考资料

1.《英国伦敦会传教厦门史略》，张子权著，《世界宗教文化》2003 年第 4 期

2.《厦门人物辞典》，厦门市图书馆编，鹭江出版社，2003 年版

3.《厦门报业》，胡立新、杨思溥著，鹭江出版社，1998 年版

4.《晚清时期传教士在厦门的出版活动》，张雪峰著，内部出版物

5.《厦门纵横》，[美]毕腓力著，何丙仲译，厦门大学出版社，2009 年版

6.《鼓浪屿简史》，[英]翟理思著，载何丙仲编译，《近代西人眼中的鼓浪屿》，厦门大学出版社，2010 年版。

7.《基督教与福建民间社会》，陈支平、李少明著，厦门大学出版社，1992 年版

8.《中国基督教史纲》，王治心著，上海古籍出版社，2007 年版

9.《英美教会与闽南自立的回溯》，[美]苑礼文，《金声》（闽南金井中华基督教会）第四卷第一期，1934 年 1 月 15 日出版

10.《自治的闽南长老会与闽南伦敦会》，周长德，南安市基督教黄山堂周刊第 54 期

11.《真水无香》，舒婷著，人民文学出版社，2007 年版

后记

永远的鼓浪屿

　　多年前，在某一个报纸专栏里写到了最初印象中的鼓浪屿，"彼时刚来厦门。与少时好友一起，去鼓浪屿寻人。船费一元。趴在船舷围栏上，看雪白浪花在海上层层泛起，渐渐散去。前方绿树蔼蔼，郑成功高高在上。我霎时爱上这个岛屿。"

　　后来，当时主编的某本小杂志为了采写老厦门以及鼓浪屿的文化系列，我找到了当时刚刚退休的原厦门博物馆馆长龚洁老先生。我和年已七旬的他，在十年前那个夏日炽烈的艳阳下，走过了岛上的许多巷弄老屋，听他讲解建筑的风格，和那些发生在老房子里的故事。他矫健的步履，风趣的言语，以及他在这过程中的叹息，喜悦，愤怒，骄傲，都定格在了我私人的鼓浪屿印象里。还有一些住在老屋里的人，他们非常愿意告诉我相关的往事，甚至让我走进那原本的深宅大院，看看已失去光泽和色彩的地板，家具，窗花，或者依然华美的门窗柱廊。

　　再后来，有了一本关于鼓浪屿的图书出版计划。我做了一个在鼓浪屿赁屋而居的异乡人，在岛上度过了一个秋冬。我在书的前言里这样写——

"喜欢海，尤其是日落时的斑斓，和平静底下隐藏的汹涌。还有巷弄里的幽深，墙角探出的花草。——鼓浪屿的所有，就是那深深庭院里，古老柱子上缠绕着的风铃花卉，纠缠在心底。再也不会远离。"

那本书，因为种种原因后来没有出版。当年一起写作的好友中亚后来出版了《水月风花鼓浪屿》和《迷失·鼓浪屿》，还拥有了花时间咖啡馆，就开在我们都喜欢的番婆楼里，我们还和番婆楼后人之一的老吴一家成了朋友，在圣诞中秋这样的年节时常欢聚。

居留厦门已经十年有余，为一些报纸杂志所写的鼓浪屿也不在少数。数不清有过多少次流连在鼓浪屿悠长静谧巷弄里的时刻，而走在小岛上的熟稔亲切，亦令我时常在异地的旅途中深深怀念。正如中亚当年写下的那句话："鼓浪屿，是我们甘心迷失的乡愁。"鼓浪屿，是我心灵永远的原乡。

花时间搬了家，番婆楼空了。我们住过陈寅恪的助手黄萱在漳州路的旧居，在归还主人后还时时想念老宅院子里的点点滴滴。

时间仿佛经历了一次轮回，与鼓浪屿乡愁般的机缘使我十年后再度埋首于那些陈年旧迹和文史资料。只是未曾料到真正开始撰写与鼓浪屿有关的书籍，却是不曾涉足的宗教题材，这样的文字也非我所长，加上专业知识缺乏，动起笔来自然战战兢兢。书稿反复改了五次，图文资料看了很多，图书馆没少去，但难免有疏漏错失，加之各方来源的资料经常互相矛盾，时间、人物、地点等各执一词，许多也没有定论，这也使得这本《鼓浪屿宗教》难免有纰漏，希望专家和读者不吝赐教，指正其中错误。

感谢厦门市社科联所给予的撰写机会和出版赞助。感谢给予此书无私帮助的顾问何丙仲先生和总审稿黄猷先生。非常感恩黄老以十分的耐心及认真帮助我这样一个门外汉，在他被眼疾困扰之时还逐行逐字校正我的稿子，他所教导的严谨严肃的写作态度我将终生铭记。

感谢我的老朋友龚洁先生曾经带我进入美好的鼓浪屿的过去，也感谢他以最快的速度读完初稿后所给予的意见。

除了本书各章节后所列出的参考资料，还有一些资料来源于网络，无法一一列出说明，在此一并致谢。

最后，谢谢读完这本小书的读者。相信你们与我一样，热爱以及眷恋着鼓浪屿这座小小的、神奇的岛。我和你们一样见证着鼓浪屿从寂寞到如今的喧闹，今日的小岛游客如织，许多老别墅变成了家庭旅馆，鼓浪屿正走在申遗的路上，尚不知未来命运如何。时间一定是永远的主宰，我将这篇多番修改、时间也从前年夏改到今岁夏的小文作为后记，纪念我与鼓浪屿的相遇以及分离。我尚期待与恢复宁静的她重逢。

苏西

2009 年·夏　初稿

2010 年·秋　二稿

2011 年·夏　三稿

图书在版编目(CIP)数据

鼓浪屿宗教/苏西著. —厦门：厦门大学出版社,2011.9
（厦门社科丛书.鼓浪屿历史文化系列）
ISBN 978-7-5615-3362-8

Ⅰ.①鼓…　Ⅱ.①苏…　Ⅲ.①宗教史-厦门市　Ⅳ.①B929.2

中国版本图书馆 CIP 数据核字(2011)第 192428 号

厦门大学出版社出版发行
（地址：厦门市软件园二期望海路 39 号　邮编：361008）
http://www.xmupress.com
xmup@public.xm.fj.cn
厦门集大印刷厂印刷
2011 年 9 月第 1 版　2011 年 9 月第 1 次印刷
开本：889×1194　1/32　印张：4　插页：2
字数：120 千字
定价：180.00 元（全套 10 册）
本书如有印装质量问题请直接寄承印厂调换